JN017235

タイ語が1週間でいとも簡単に話せるようになる本

あなたもこれで
話せる！

欧米・アジア語学センター

はじめに

สวัสดี ครับ（こんにちは）

本書は「タイのことをもっと知りたい」「タイの人たちとコミュニケーションを取れるようになりたい」という初心者のための本です。

７日間に渡り、タイ語の文字、発音、基本の言葉、基本構文（肯定文、否定文、疑問文）など、タイ語の基本を学習していきましょう。

本書では１日目の「基本の言葉」、２～７日目の会話フレーズ、および付録（基本単語）にそれぞれカタカナ読みをつけていますので、初心者の方もタイ語の読み方を理解できるようになります。

また、タイ語には男性言葉と女性言葉があり（p17 参照）、本書のフレーズにおいて、男性言葉に〔男性〕、女性言葉に〔女性〕を表記しています。

タイ語には５つの声調があります。音声を聞きながら、発音やイントネーションの練習をすることをおすすめします。本書の会話フレーズ、および付録（基本単語）のカタカナ読みは参考程度になさってください。

タイの人たちと交流したり、旅行や仕事などでタイを訪れたときに、ぜひタイ語でコミュニケーションを楽しんでください。本書がタイ語を学ぶ方々のお役に立てると幸いです。

欧米・アジア語学センター
アドゥン・カナンシン

目　次

2日目　基本構文(1)

3日目　基本構文(2)

4日目　時制の表し方

5日目　動詞、助動詞の使い方

6日目　疑問詞のある文

7日目　会話　実践編

本書の構成

1日目　タイ語の文字、発音、基本の言葉などについて解説しています。

2～6日目　それぞれ見開き２ページ構成で、最初に「基本構文」「基本フレーズ」を紹介し、「ポイント解説」で基本的な文法を説明しています。「基本構文を使って言ってみよう」でいろいろな表現を学ぶことができます。

7日目　実践編として、交流、旅行、ショッピング、食事など様々なシーンで使える会話フレーズを紹介しています。

付録　基本単語をジャンル別にまとめています。

音声データについて

下記の箇所を録音しています。

1日目　「基本の言葉」の単語を読んでいます。

2～6日目　それぞれ「基本フレーズ」「基本構文を使って言ってみよう」の例文を「日本語→タイ語」の順に読んでいます。

7日目　各シーンのフレーズを「日本語→タイ語」の順に読んでいます。

①【ASUKALA】アプリで再生
下記にアクセスして明日香出版社の音声再生アプリ【ASUKALA】をインストールすると、ダウンロードした音声を再生できます。

②音声データ（mp3形式）をダウンロード
パソコン、携帯端末でアクセスしてダウンロードできます。
https://www.asuka-g.co.jp/dl/isbn978-4-7569-2315-8

※音声の再生にはmp3ファイルを再生できる機器などが必要です。ご使用の機器、音声再生ソフトなどに関する技術的なご質問はメーカーにお願いいたします。音声ダウンロードサービスは予告なく終了することがあります。
※図書館ご利用者も音声をダウンロードしてご使用できます。

1日目

タイ語について

☆ タイ語の文字（1）

ポイント解説

タイ語の文字は「子音」「母音」「声調記号」「記号」の４種類があります。

●子音

ก	コ	ฐ	ト	ฟ	フォ
ข	コ	ฑ	ト	ภ	ポ
ฃ	コ	ฒ	ト	ม	モ
ค	コ	ณ	ノ	ย	ヨ
ฅ	コ	ด	ド	ร	ロ（英語の R）
ฆ	コ	ต	ト	ล	ロ（英語の L）
ง	(ン)ゴ	ถ	ト	ว	ウォ
จ	ヂョ	ท	ト	ศ	ソ
ฉ	チョ	ธ	ト	ษ	ソ
ช	チョ	น	ノ	ส	ソ
ซ	ソ	บ	ボ	ห	ホ
ฌ	チョ	ป	ポ	ฬ	ロ（英語の L）
ญ	ヨ	ผ	ポ	อ	オ
ฎ	ド	ฝ	フォ	ฮ	ホ
ฏ	ト	พ	ポ		

○ 「ก」「ข」「ฃ」「ค」について

この4つは同じ「コ」ですが、最初の「コ」は喉を緊張させて、息の音が出ないようにします。あとの3つは息の音が一緒に出るように発音します。

日本語で普通に話す「コ」は、タイ人にとってはどちらの音だかわからないので、注意が必要です。

あとの3つの中で一番使う文字は、最初のข です。同じ発音の文字がいくつもあるのがタイ語の特徴で、それは文字の成り立ちなどと関係していて、この単語にはこの文字、と決められています。

○ 末子音について

タイ語には「末子音(まっしおん)」という音があります。この音は実際には発音しない音ですが、その音を発音するつもりで唇や喉の形を意識します。しかし音は出さずに、すぐに次の音を発音します。もし末子音が単語の最後にある場合は、その音を発音する直前にしっかり止めます。この「止めた」音が、日本人には聞こえないような音ですが、タイ人は音として認識します。末子音はタイ語の大きな特徴の一つです。

例 「タッ(ト)」:タを発音して、跳ねて、トを言う唇と喉の状態にして、止める。トは発音しない。

○ 鼻にかかる音について

また、タイ語には鼻にかかる音があります。日本語では鼻にかかる「ガ」と鼻にかからない「ガ」を区別しませんが、タイ語では別の音です。

例「(ン)グー」:(ン) は唇と喉の形を意識したまま音を出さず、次のグーを発音する。

※本書ではこのように、意識するが発音しない音を( )で表します。

☆ タイ語の文字 (2)

ポイント解説

タイ語の母音は 32 の音があります。

●母音

○ะ	ア
○า	アー

◌ิ	イ
◌ี	イー

◌ึ	ウ
◌ื	ウー
◌ุ	ウ
◌ู	ウー

タイ語には **2つのウ**があります。最初の2つは、上下の唇を横に引いた状態で、「ウ」と声を出します。次の2つは、唇を尖らせた状態で、「ウ」とクリアに出します。

日本語のウは、両者の中間に位置するので、どちらの音かを意識して発音しないと、タイ人には通じません。

เ○ะ	エ
เ○	エー
แ○ะ	(口を開けて) エ
แ○	(口を開けて) エー

เ◌ียะ	イア
เ◌ีย	イーア

เ◌ือะ	ウア　　（唇を左右に引いたウ）
เ◌ือ	ウーア
◌ัวะ	ウア　　（唇をすぼめたウ）
◌ัว	ウーア　（唇をすぼめたウ）

โ◌ะ	オ
โ◌	オー
เ◌าะ	オ
◌อ	オー

タイ語には**２つのオ**があります。最初のオは、唇をすぼめてオと発音します。次の２つめのオは、大きく開く感じにして、アに近いオと発音します。

日本語のオは、両者の中間に位置するので、どちらの音かを意識して発音しないと、タイ人には通じません。

เ◌อะ	ウ　（日本語にはない、唸るような音）
เ◌อ	ウー　（日本語にはない、唸るような音）

◌ำ	アム
ใ◌	アイ
ไ◌	アイ
เ◌า	アオ

ฤ	ル　　（英語の R）
ฤๅ	ルー　（英語の R）
ฦ	ル　　（英語の L）（ほとんど使用せず）
ฦๅ	ルー　（英語の L）（ほとんど使用せず）

☆ タイ語の文字 (3)

ポイント解説

●声調記号

タイ語の声調記号は４つの形があります。

◌่ ◌้ ◌๊ ◌๋

●声調

タイ語の声調は５つあります。

声調	発音のしかた
平声	まっすぐ平行に伸ばす音で、最後のところで少し下がる音。
低声	伸ばして、終わりのほうで急速に下がる音。
下声	上から下に下がる音。上から下にまっすぐ下降するイメージ。
高声	下から上に上がる音。下から上にまっすぐ上昇するイメージ。
上声	少し下がってから上がる音。下に少しカーブしてぐいっと上昇するイメージ。

●記号

例えば、ฯ、ๆ、？、！などがあります。現代ではメール、ラインなどで、新しいタイ語の記号がいろいろ使われています。

☆ タイ語の男性言葉、女性言葉、丁寧表現

ポイント解説

タイ語には男性言葉と女性言葉があります。

●「私」の言い方

男性は「**ผม** ポ(ム)」、女性は「**ดิฉัน** ディチャン」と言います。

●丁寧な表現

文の最後に、男性は「**ครับ** クラッ(プ)」を、女性は「**ค่ะ** カ」をつけると丁寧な表現になります。

●カジュアルな表現

文の最後に「**นะ** ナ」をつけるとカジュアルな表現になります。男女共通です。日本語の「～だよ」「～なの」などのニュアンスです。

☆ 人称代名詞

ポイント解説

タイ語には「男性言葉」と「女性言葉」があります。例えば「私」は、男性は「**ผม** ポ(ム)」、女性は「**ดิฉัน** ディチャン」と言います。

<単数形>

1人称	私	ผม ดิฉัน	ポ(ム) ディチャン	〔男性〕 〔女性〕
2人称	あなた	คุณ	クン	
3人称	彼 彼女	เขา เธอ	カウ ター	

<複数形>

1人称	私たち	พวกผม พวกดิฉัน	プアッ(ク) ポ(ム) プアッ(ク) ディチャン	〔男性〕 〔女性〕
2人称	あなたたち	พวกคุณ	プアッ(ク) クン	
3人称	彼ら 彼女ら	พวกเขา พวกเธอ	プアッ(ク) カウ プアッ(ク) ター	

☆「場所」を表す

(近い)	ここ	ที่นี่	ティーニー
(遠い)	そこ あそこ	ที่นั่น ที่โน่น	ティーナン ティーノーン

☆「物」を表す

＜単数形＞

(近い)	これ この～	อันนี้ ～นี้	アンニー ニー
(遠い)	それ その～	อันนั้น ～นั้น	アンナン ナン
(遠い)	あれ あの～	อันโน้น ～โน้น	アンノーン ノーン

＜複数形＞

(近い)	これら これらの～	พวกนี้ ～พวกนี้	プアッ(ク)ニー プアッ(ク)ニー
(遠い)	それら それらの～	พวกนั้น ～พวกนั้น	プアッ(ク)ナン プアッ(ク)ナン
(遠い)	あれら あれらの～	พวกโน้น ～พวกโน้น	プアッ(ク)ノーン プアッ(ク)ノーン

☆ 数字の読み方

ポイント解説

「0」は「**ศูนย์** スーン」と言います。

1	**หนึ่ง**	ヌン(グ)	11	**สิบเอ็ด**	シッ(プ)エッ(ト)
2	**สอง**	ソーン(グ)	12	**สิบสอง**	シッ(プ)ソーン(グ)
3	**สาม**	サーム	13	**สิบสาม**	シッ(プ)サーム
4	**สี่**	シー	14	**สิบสี่**	シッ(プ)シー
5	**ห้า**	ハー	15	**สิบห้า**	シッ(プ)ハー
6	**หก**	ホッ(ク)	16	**สิบหก**	シッ(プ)ホッ(ク)
7	**เจ็ด**	チェッ(ト)	17	**สิบเจ็ด**	シッ(プ)チェッ(ト)
8	**แปด**	パー(ト)	18	**สิบแปด**	シッ(プ)パー(ト)
9	**เก้า**	カーウ	19	**สิบเก้า**	シッ(プ)カーウ
10	**สิบ**	シッ(プ)	20	**ยี่สิบ**	ジーシッ(プ)

21	ยี่สิบเอ็ด	ジーシッ(プ) エッ(ト)
25	ยี่สิบห้า	ジーシッ(プ) ハー
30	สามสิบ	サームシッ(プ)
100	หนึ่งร้อย	ヌン(グ) ローイ
1,000	หนึ่งพัน	ヌン(グ) パン
10,000	หนึ่งหมื่น	ヌン(グ) ムーン
100,000	หนึ่งแสน	ヌン(グ) セーン
1,000,000	หนึ่งล้าน	ヌン(グ) ラーン

●回数

一度	หนึ่งครั้ง	ヌン(グ)クラン(グ)
二度	สองครั้ง	ソーン(グ)クラン(グ)
三度	สามครั้ง	サームクラン(グ)
週に一度	สัปดาห์ละครั้ง	サ(プ)ダーラクラン(グ)
月に一度	เดือนละครั้ง	ドゥアンラクラン(グ)

☆ 時間の言い方

ポイント解説

タイ語では時間帯により「〜時」にあたる言葉が違います。

●時間

1時	ตีหนึ่ง	ティーヌン(グ)
2時	ตีสอง	ティソーン(グ)
3時	ตีสาม	ティーサー(ム)
4時	ตีสี่	ティーシー
5時	ตีห้า	ティーハー
6時	หกโมง	ホッ(ク)モーン(グ)
7時	เจ็ดโมง	チェッ(ト)モーン(グ)
8時	แปดโมง	パー(ト)モーン(グ)
9時	เก้าโมง	カーウモーン(グ)
10時	สิบโมง	シッ(プ)モーン(グ)
11時	สิบเอ็ดโมง	シッ(プ)エッ(ト)モーン(グ)
12時	เที่ยง	ティエン(グ)
13時	บ่ายโมง	バーイモーン(グ)
14時	บ่ายสองโมง	バーイソーン(グ)モーン(グ)

15 時	บ่ายสามโมง	バーイサー(ム)モーン(グ)
16 時	สี่โมงเย็น	バーイシーモーン(グ)
17 時	ห้าโมงเย็น	ハーモーン(グ)ジエン
18 時	หกโมงเย็น	ホッ(ク)モーン(グ)ジエン
19 時	หนึ่งทุ่ม	ヌン(グ)トゥ(ム)
20 時	สองทุ่ม	ソーン(グ)トゥ(ム)
21 時	สามทุ่ม	サームトゥ(ム)
22 時	สี่ทุ่ม	シートゥ(ム)
23 時	ห้าทุ่ม	ハートゥ(ム)
0 時	เที่ยงคืน	ティエン(グ)クーン

●朝、昼、夜

朝	เช้า	チャーウ
昼	กลางวัน	クラーン(グ)ワン
夜	กลางคืน	クラーン(グ)クーン
午前	ก่อนเที่ยง	ゴーンティアン(グ)
午後	หลังเที่ยง	ラン(グ)ティアン(グ)
朝食	อาหารเช้า	アーハーン　チャーウ
昼食	อาหารกลางวัน	アーハーン　クラーン(グ)ワン
夕食	อาหารเย็น	アーハーン　ジエン

☆ 月・曜日などの言い方

ポイント解説

1ヶ月が30日の月は「～ヨン」、31日の月は「～コム」になります。

●月

1月	มกราคม	マカラーコム
2月	กุมภาพันธ์	クンパーパン
3月	มีนาคม	ミーナーコム
4月	เมษายน	メーサーヨン
5月	พฤษภาคม	プルッサパーコム
6月	มิถุนายน	ミトゥナーヨン
7月	กรกฎาคม	カラカダーコム
8月	สิงหาคม	シン(グ)ハーコム
9月	กันยายน	ガンヤーヨン
10月	ตุลาคม	トゥラーコム
11月	พฤศจิกายน	プルサヂカーヨン
12月	ธันวาคม	タンワーコム

●曜日、四季

月曜日	วันจันทร์	ワンチャン
火曜日	วันอังคาร	ワンアン(グ)カーン
水曜日	วันพุธ	ワンプッ(ト)
木曜日	วันพฤหัสบดี	ワンプルハッ(ト) サボディー
金曜日	วันศุกร์	ワンスッ(ク)
土曜日	วันเสาร์	ワンサウ
日曜日	วันอาทิตย์	ワンアーティッ(ト)

<例> 「来週の月曜日」 **วันจันทร์สัปดาห์หน้า**
ワンチャン サ(プ)ダーナー

春	ฤดูใบไม้ผลิ	ルドゥーバイマーイプリ
夏	ฤดูร้อน	ルドゥーローン
秋	ฤดูใบไม้ร่วง	ルドゥーバイマーイルアン(グ)
冬	ฤดูหนาว	ルドゥーナーウ

☆ 年・月・週・日の言い方

ポイント解説

「西暦」に543を足した年がタイの「仏暦」になります。

●年、月

今年	ปีนี้	ピーニー
去年	ปีที่แล้ว	ピーティーレーウ
来年	ปีหน้า	ピーナー
一昨年	ปีก่อนปีที่แล้ว	ピー　ゴーン　ピーティーレーウ
再来年	ปีถัดจากปีหน้า	ピータッ(ト)ヂャー(ク)　ピーナー

今月	เดือนนี้	ドゥアンニー
先月	เดือนก่อน	ドゥアンゴーン
来月	เดือนหน้า	ドゥアンナー
先々月	เดือนก่อนเดือนที่แล้ว	ドゥアン　ゴーン　ドゥアンティー　レーウ
再来月	เดือนถัดจากเดือนเหน้า	ドゥアン　タッ(ト)ヂャー(ク)ドゥアンナー

●週、日

今週	**สัปดาห์นี้**	サ(プ)ダーニー
先週	**สัปดาห์ก่อน**	サ(プ)ダーゴーン
来週	**สัปดาห์หน้า**	サ(プ)ダーナー
先々週	**สัปดาห์ก่อนสัปดาห์ที่แล้ว**	サ(プ)ダー ゴーン サ(プ)ダー ティーレーウ
再来週	**สัปดาห์ถัดจากสัปดาห์หน้า**	サ(プ)ダー タッ(ト)ヂャー(ク) サ(プ)ダーナー

今日	**วันนี้**	ワンニー
昨日	**เมื่อวาน**	ムアワーン
明日	**พรุ่งนี้**	プルン(グ)ニー
おととい	**วานซืน**	ワーンスーン
あさって	**มะรืนนี้**	マルーンニー

＜例＞　「今週末」　**สุดสัปดาห์นี้**　スッ(ト)サ(プ)ダーニー

　　　　「先週末」　**สุดสัปดาห์ก่อน**　スッ(ト)サ(プ)ダーゴーン

☆ 方向、場所の言い方

●方向

東	ตะวันออก	タワンオーッ(ク)
西	ตะวันตก	タワントッ(ク)
南	ใต้	ターイ
北	เหนือ	ヌーア
右側	ด้านขวา	ダーンクワー
左側	ด้านซ้าย	ダーンサーイ

前	หน้า	ナー
後	หลัง	ラン(グ)
上	บน	ボン
下	ล่าง	ラーン(グ)

●場所

(1) อยู่ (ユー)

A は〜にいる〔人〕	A〔人〕＋ อยู่ ユー ＋ 場所
A は〜にある〔物〕	A〔物〕＋ อยู่ ユー ＋ 場所

A は〜にいない〔人〕	A〔人〕＋ ไม่อยู่ マイユー ＋ 場所
A は〜にない〔物〕	A〔物〕＋ ไม่อยู่ マイユー ＋ 場所

(2) มี (ミー)

〜に A がいる〔人〕	場所 ＋ มี ミー ＋ A〔人〕
〜に A がある〔物〕	場所 ＋ มี ミー ＋ A〔物〕

〜に A がいない〔人〕	場所 ＋ ไม่มี マイミー ＋ A〔人〕
〜に A がない〔物〕	場所 ＋ ไม่มี マイミー ＋ A〔物〕

☆ 主な疑問詞、副詞など

●疑問詞

何	อะไร	アライ
誰	ใคร	クライ
いつ	เมื่อไหร่	ムアライ
いくつ	กี่～	キー
どこ	ที่ไหน	ティーナイ
どれ	อันไหน	アンナイ
どの～	～ไหน	ナイ
どのくらい	เท่าไหร่	タウライ

●「程度」を表す

とても、非常に	มาก	マー(ク)
少し	น้อย	ノーイ
あまり〜ない	ไม่ค่อย ～	マイコイ

●「頻度」を表す

毎日	ทุกวัน	トゥ(ク)ワン
毎週	ทุกสัปดาห	トゥ(ク)サ(プ)ダー
毎月	ทุกเดือน	トゥ(ク)ドゥアン

一日おきに	วันเว้นวัน	ワン　ウェン　ワン
隔週で	สัปดาห์เว้นสัปดาห์	サ(プ)ダー　ウェン　サ(プ)ダー
隔月で	เดือนเว้นเดือน	ドゥアン　ウェン　ドゥアン

☆ 主な形容詞

良い	ดี	ディー
悪い	เลว	レーウ
新しい	ใหม่	マイ
古い	เก่า	ガウ
大きい	ใหญ่	ヤイ
小さい	เล็ก	レッ(ク)
高い〔値段〕	แพง	ペーン(グ)
安い	ถูก	トゥー(ク)
高い〔高さ〕	สูง	スーン(グ)
低い	ต่ำ	タム
長い	ยาว	ヤーウ
短い	สั้น	サン
太い	อ้วน	ウアン
細い	ผอม	ポーム
早い	เร็ว	レウ
遅い	ช้า	チャー
遠い	ไกล	クライ
近い	ใกล้	クライ

広い	กว้าง	クワーン(グ)
狭い	แคบ	ケー(プ)
重い	หนัก	ナッ(ク)
軽い	เบา	バウ
おいしい	อร่อย	アロイ
まずい	ไม่อร่อย	マイアロイ
甘い	หวาน	ワーン
辛い	เผ็ด	ペッ(ト)
暖かい	อุ่น	ウン
暑い、熱い	ร้อน	ローン
涼しい	เย็น	ジエン
寒い	หนาว	ナーウ
うれしい	ดีใจ	ディーヂャイ
楽しい	สนุก	サヌッ(ク)
易しい	ง่าย	(ン)ガーイ
難しい	ยาก	ヤー(ク)
忙しい	ยุ่ง	ユン(グ)
暇な	ว่าง	ワーン(グ)
若い	สาว, หนุ่ม	サーウ、ヌ(ム)
年取った	แก่	ゲー

2日目

基本構文(1)

基本構文

AはBです。

主語A（人）＋ เป็น ＋B（職業など）
ペン

基本フレーズ

ผม เป็น นักเรียน ครับ 〔男性〕
ポ(ム)　ペン　ナッ(ク)リエン　クラッ(プ)

私は学生です。

ポイント解説

タイ語には男性言葉と女性言葉があります。

「私」は、男性が言うときは「**ผม**」（ポ(ム)）、女性が言うときは「**ดิฉัน**」（ディチャン）になります。

例文の「**นักเรียน**」（ナッ(ク)リエン）は「学生」という意味です。

文の最後に、男性は「**ครับ**」（クラッ(プ)）、女性は「**ค่ะ**」（カ）をつけると丁寧な言い方になります。

● **「私は～です」** ※職業など〔丁寧な言い方〕

〔男性〕 ผม　เป็น　～　ครับ
ポ(ム)　ペン　クラッ(プ)

〔女性〕 ดิฉัน　เป็น　～　ค่ะ
ディチャン　ペン　カ

1 私は日本人です。

ผม เป็น คน ญี่ปุ่น ครับ 〔男性〕

ポ(ム)　ペン　コン　ジープン　クラッ(プ)

2 私は会社員です。

ผม เป็น พนักงาน บริษัท ครับ 〔男性〕

ポ(ム)　ペン　パナッ(ク)ガーン　ボリサッ(ト)　クラッ(プ)

3 彼は教師です。

เขา เป็น ครู ครับ 〔男性〕

カウ　ペン　クルー　クラッ(プ)

4 私たちは観光客です。

พวกเรา เป็น นักท่องเที่ยว ค่ะ 〔女性〕

プァッ(ク)ラウ　ペン　ナッ(ク)トン(グ)ティアウ　カ

<参考>

1 彼はアドゥンさんです。

เขา คือ คุณ อดุล ครับ 〔男性〕

カウ　クー　クン　アドゥン　クラッ(プ)

2 彼女はアルンシーさんです。

เธอ คือ คุณ อรุณศรี ค่ะ 〔女性〕

ター　クー　クン　アルンシー　カ

単語の解説

- □ คน ญี่ปุ่น：日本人
- □ พนักงาน บริษัท：会社員
- □ เขา：彼
- □ ครู：教師
- □ พวกเรา：私たち
- □ นักท่องเที่ยว：観光客
- □ คุณ ～：～さん
- □ เธอ：彼女

2日目 2 「～は…です」(2) 主語が物のとき Track 10

基本構文

AはBです。

主語A(物など) + คือ + B(名詞)
クー

基本フレーズ

นี่ คือ ของขวัญ ครับ 〔男性〕
ニー クー コン(グ)クワン クラッ(プ)

これはプレゼントです。

ポイント解説

例文の「ของขวัญ」(コン(グ)クワン)は「プレゼント」という意味です。

文の最後に、男性は「ครับ」(クラッ(プ))、女性は「ค่ะ」(カ)をつけると丁寧な言い方になります。

● **「AはB」**〔普通の言い方〕

〔男女共通〕 A คือ B
クー

● **「AはBです」**〔丁寧な言い方〕

〔男性〕 A คือ B ครับ
クー クラッ(プ)

〔女性〕 A คือ B ค่ะ
クー カ

1 これは私のパスポートです。

นี่ คือ หนังสือเดินทาง ของ ผม ครับ 〔男性〕

ニー クー ナン(グ)スードゥーンターン(グ) コン(グ) ポ(ム) クラッ(プ)

2 これは私の電話番号です。

นี่ คือ เบอร์โทรศัพท์ ของ ดิฉัน ค่ะ 〔女性〕

ニー クー バートラサッ(プ) コン(グ) ディチャン カ

3 これは私のEメールアドレスです。

นี่ คือ อีเมล ของ ดิฉัน ค่ะ 〔女性〕

ニー クー イーメーウ コン(グ) ディチャン カ

4 ここは銀行です。

ที่นี่ คือ ธนาคาร ครับ 〔男性〕

ティニー クー タナーカーン クラッ(プ)

5 私の血液型はO型です。

กรุ๊ปเลือด ของ ดิฉัน คือ กรุ๊ปโอ ค่ะ 〔女性〕

グルッ(プ)ルアー(ト) コン(グ) ディチャン クー グルッ(プ)オー カ

<参考>

1 私の名前はサワンです。

ผม ชื่อ สว่าง ครับ 〔男性〕

ポ(ム) チュー サワーン(グ) クラッ(プ)

単語の解説

- □ หนังสือเดินทาง：パスポート
- □ ของ ผม：私の〔男性〕
- □ เบอร์โทรศัพท์：電話番号
- □ ของ ดิฉัน：私の〔女性〕
- □ ที่นี่：ここ
- □ ธนาคาร：銀行
- □ กรุ๊ปเลือด：血液型
- □ ชื่อ：名前

2日目 3 「〜は…ではありません」(1) 主語が人のとき Track 11

基本構文

AはBではありません。

主語 A（人）+ ไม่ได้ เป็น + B（職業など）
マイダイ ペン

基本フレーズ

ผม ไม่ได เป็น นักเรียน ครับ〔男性〕
ポ(ム) マイダイ ペン ナッ(ク)リエン クラッ(プ)

私は学生ではありません。

ポイント解説

例文の「**นักเรียน**」（ナッ(ク)リエン）は「学生」という意味です。

● **「私は〜ではありません」**〔丁寧な言い方〕

〔男性〕 ผม ไม่ได้ เป็น 〜 ครับ
ポ(ム) マイダイ ペン クラッ(プ)

〔女性〕 ดิฉัน ไม่ได้ เป็น 〜 ค่ะ
ディチャン マイダイ ペン カ

次の言い方もあります。〔丁寧な言い方〕

〔男性〕 ผม ไม่ใช่ 〜 ครับ
ポ(ム) マイチャイ クラッ(プ)

〔女性〕 ดิฉัน ไม่ใช่ 〜 ค่ะ
ディチャン マイチャイ カ

1 彼は公務員ではありません。

เขา ไม่ได้ เป็น ข้าราชการ ครับ〔男性〕

カウ マイダイ ペン ガラー(ト)チャカーン クラッ(プ)

2 私はタイ人ではありません。

ผม ไม่ใช่ คนไทย ครับ〔男性〕

ポ(ム) マイチャイ コンタイ クラッ(プ)

3 彼は日本人ではありません。

เขา ไม่ใช่ คนญี่ปุ่น ครับ〔男性〕

カウ マイチャイ コンジプン クラッ(プ)

4 彼女はサラッサワディさんではありません。

เธอ ไม่ใช่ คุณ สรัสวดี ค่ะ〔女性〕

ター マイチャイ クン サラッサワディ カ

5 私たちは韓国人ではありません。

พวกเรา ไม่ใช่ คนเกาหลี ค่ะ〔女性〕

プアッ(ク)ラウ マイチャイ コンガウリー カ

6 彼らは観光客ではありません。

พวกเขา ไม่ใช่ นักท่องเที่ยว ครับ〔男性〕

プアッ(ク)カウ マイチャイ ナッ(ク)トン(グ)ティアウ クラッ(プ)

単語の解説

- □ ข้าราชการ：公務員
- □ คนไทย：タイ人
- □ คนญี่ปุ่น：日本人
- □ คุณ ～：～さん
- □ พวกเรา：私たち
- □ คนเกาหลี：韓国人
- □ พวกเขา：彼ら
- □ นักท่องเที่ยว：観光客

基本構文

AはBではありません。

主語A（物など）＋ ไม่ใช่ ＋ B（名詞）
マイチャイ

基本フレーズ

นี่ ไม่ใช่ กระเป๋า ของ ผม ครับ 〔男性〕
ニーマイチャイ　グラパウ　コン(グ)　ポ(ム)　クラッ(プ)

これは私のカバンではありません。

ポイント解説

例文の「กระเป๋า」（グラパウ）は「カバン」、「ของ ผม」（コン(グ) ポ(ム)）は「私の」〔男性〕という意味です。

● **「AはBではない」**〔普通の言い方〕

〔男女共通〕 A ไม่ใช่ B
マイチャイ

● **「AはBではありません」**〔丁寧な言い方〕

〔男性〕 A ไม่ใช่ B ครับ
マイチャイ　クラッ(プ)

〔女性〕 A ไม่ใช่ B ค่ะ
マイチャイ　カ

基本構文を使って言ってみよう　Track 12

1 これは私の本ではありません。
นี่ ไม่ใช หนังสือ ของ ผม ครับ 〔男性〕
ニー マイチャイ　ナン(グ)スー　コン(グ)　ポ(ム)　クラッ(プ)

2 これは私たちの荷物ではありません。
นี่ ไม่ใช่ สัมภาระ ของ พวกเรา ค่ะ 〔女性〕
ニー マイチャイ　サンパーラ　コン(グ)　プアッ(ク)ラウ　カ

3 ここはタクシー乗り場ではありません。
ที่นี่ ไม่ใช่ ที่ขึ้นรถแท็กซี่ ครับ 〔男性〕
ティニー マイチャイ ティクンロッ(ト)テッ(ク)シー　クラッ(プ)

4 あれはセントラルではありません。※ホテルの名
นั่น ไม่ใช่ เซ็นทรัล ค่ะ 〔女性〕
ナン　マイチャイ　センタン　カ

5 私の名前はタマポーンではありません。
ดิฉัน ไม่ได้ ชื่อ ธรรมพร ค่ะ 〔女性〕
ディチャン マイダイ チュー　タマポーン　カ

単語の解説

- □ นี่：これ
- □ หนังสือ：本
- □ สัมภาระ：荷物
- □ ของ พวกเรา：私たちの
- □ ที่นี่：ここ
- □ แท็กซี่：タクシー
- □ นั่น：あれ
- □ ชื่อ：名前

2日目 5 「～は…ですか？」(1) 主語が人のとき Track 13

基本構文

AはBですか？

主語A（人）＋ เป็น ＋ B（職業など）＋ หรือ
ペン ル

基本フレーズ

คุณ เป็น นักเรียน หรือ คะ 〔女性〕
クン ペン ナッ(ク)リエン ル カ

あなたは学生ですか？

ポイント解説

例文の「**คุณ**」(クン) は「あなた」、「**นักเรียน**」(ナッ(ク)リエン) は「学生」という意味です。

● **「あなたは～？」**〔普通の言い方〕

〔男女共通〕 คุณ เป็น ～ หรือ
クン ペン ル

● **「あなたは～ですか？」**〔丁寧な言い方〕

〔男性〕 คุณ เป็น ～ หรือ ครับ
クン ペン ル クラッ(プ)

〔女性〕 คุณ เป็น ～ หรือ คะ
クン ペン ル カ

基本構文を使って言ってみよう　Track 13

1 あなたはタイ人ですか？

คุณ เป็น คน ไทย หรือ คะ 〔女性〕
クン　ペン　コン　タイ　ル　カ

2 あなたは会社員ですか？

คุณ เป็น พนักงานบริษัท หรือ ครับ 〔男性〕
クン　ペン　パナッ(ク)ガーンボリサッ(ト)　ル　クラッ(プ)

3 彼はタイ人ですか？

เขา เป็น คนไทย หรือ ครับ 〔男性〕
カウ　ペン　コンタイ　ル　クラッ(プ)

4 あなたたちは観光客ですか？

พวกคุณ เป็น นักท่องเที่ยว หรือ คะ 〔女性〕
プアッ(ク)クン　ペン　ナッ(ク)トン(グ)ティアウ　ル　カ

5 彼らは学生ですか？

พวกเขา เป็น นักเรียน หรือ ครับ 〔男性〕
プアッ(ク)カウ　ペン　ナッ(ク)リエン　ル　クラッ(プ)

＜参考＞

1 彼女はヤワラットさんですか？

เธอ คือ คุณ เยาวรัตน์ หรือ คะ 〔女性〕
ター　クー　クン　ヤワラッ(ト)　ル　カ

単語の解説

- □ คนไทย：タイ人
- □ พนักงาน บริษัท：会社員
- □ เขา：彼
- □ พวกคุณ：あなたたち
- □ นักท่องเที่ยว：観光客
- □ พวกเขา：彼ら
- □ เธอ：彼女
- □ คุณ ～：～さん

基本構文

AはBですか？

主語A（物など）＋ คือ ＋ B（名詞）＋ หรือ
クー ル

基本フレーズ

นี่ คือ กระเป๋า ของ คุณ หรือ ครับ 〔男性〕
ニー クー グラパウ コン(グ) クン ル クラッ(プ)

これはあなたのカバンですか？

ポイント解説

例文の「กระเป๋า」（グラパウ）は「カバン」、「ของ คุณ」（コン(グ)クン）は「あなたの」という意味です。

● 「AはB？」〔普通の言い方〕

〔男女共通〕 A คือ B หรือ
クー ル

● 「AはBですか？」〔丁寧な言い方〕

〔男性〕 A คือ B หรือ ครับ
クー ル クラッ(プ)

〔女性〕 A คือ B หรือ คะ
クー ル カ

基本構文を使って言ってみよう　Track 14

1 これはあなたのパスポートですか？

นี่ คือ หนังสือเดินทาง ของ คุณ หรือ ครับ 〔男性〕

ニー クー ナン(グ)スードゥーンターン(グ) コン(グ) クン ル クラッ(プ)

2 これは彼のスマホですか？

นี่ คือ สมาร์ทโฟน ของ เขา หรือ ครับ 〔男性〕

ニー クー サマー(ト)フォーン コン(グ) カウ ル クラッ(プ)

3 これはあなたたちの荷物ですか？

นี่ คือ สัมภาระ ของ พวกคุณ หรือ คะ 〔女性〕

ニー クー サンパーラ コン(グ) プアッ(ク)クン ル カ

4 ここは旅行会社ですか？

ที่นี่ คือ บริษัทท่องเที่ยว หรือ คะ 〔女性〕

ティニー クー ボリサッ(ト)トン(グ)ティアウ ル カ

5 あなたのお名前はソムサックさんですか？

ชื่อ ของ คุณ คือ สมศักดิ์ หรือ ครับ 〔男性〕

チュー コン(グ) クン クー ソ(ム)サッ(ク) ル クラッ(プ)

6 あれはワットポーなの？

นั่น คือ วัดโพธิ์ หรือ 〔カジュアル〕

ナン クー ワッ(ト)ポー ル

単語の解説

- □ หนังสือเดินทาง：パスポート
- □ สมาร์ทโฟน：スマートフォン
- □ พวกคุณ：荷物
- □ ที่นี่：ここ
- □ บริษัทท่องเที่ยว：旅行会社
- □ ชื่อ：名前
- □ คือ 〜：〜さん
- □ นั่น：あれ

3日目

基本構文(2)

3日目 1 「～は…です」(1) 主語が人のとき Track 15

基本構文

AはBです。

主語A(人) + B(形容詞)

基本フレーズ

ดิฉัน มี ความสุข ค่ะ 〔女性〕
ディチャン ミー クワー(ム)スッ(ク) カ

私はうれしいです。

ポイント解説

「私」は、男性が言うときは「**ผม**」(ポ(ム))、女性が言うときは「**ดิฉัน**」(ディチャン)になります。

例文の「**มี ความสุข**」(ミー クワー(ム)スッ(ク))は「うれしい、幸せな」という意味です。

文の最後に、男性は「**ครับ**」(クラッ(プ))、女性は「**ค่ะ**」(カ)をつけると丁寧な言い方になります。

● **「AはBです」** 〔丁寧な言い方〕

〔男性〕 A B ครับ
クラッ(プ)

〔女性〕 A B ค่ะ
カ

● **「私は～です」** 〔丁寧な言い方〕

〔男性〕 ผม ～ ครับ
ポ(ム) クラッ(プ)

〔女性〕 ดิฉัน ～ ค่ะ
ディチャン カ

基本構文を使って言ってみよう　Track 15

1 私は忙しいです。

ผม ยุ่ง ครับ 〔男性〕

ポ(ム)　ユン(グ)　クラッ(プ)

2 私は元気です。

ดิฉัน สบายดี ค่ะ 〔女性〕

ディチャン サバーイディー　カ

3 私は疲れています。

ผม เหนื่อย ครับ 〔男性〕

ポ(ム)　ヌアイ　クラッ(プ)

4 彼女は優しいです。

เธอ ใจดี ค่ะ 〔女性〕

ター チャイディー カ

5 彼は背が高いです。

เขา ตัวสูง ครับ 〔男性〕

カウ トゥアスーン(グ) クラッ(プ)

単語の解説

- ☐ ผม：私〔男性〕
- ☐ ยุ่ง：忙しい
- ☐ สบายดี：元気な
- ☐ เหนื่อย：疲れている
- ☐ เธอ：彼女
- ☐ ใจดี：優しい
- ☐ เขา：彼
- ☐ ตัวสูง：背が高い

3日目 2 「～は…です」(2) 主語が物のとき Track 16

基本構文

AはBです。

主語A（物）＋B（形容詞）

基本フレーズ

ต้มยำกุ้ง อร่อย ค่ะ 〔女性〕

ト(ム)ヤ(ム)グン(グ)　アロイ　カ

トムヤムクンがおいしいです。

ポイント解説

例文の「**อร่อย**」（アロイ）は「おいしい」という意味です。
文の最後に、男性は「**ครับ**」（クラッ(プ)）、女性は「**ค่ะ**」（カ）をつけると丁寧な言い方になります。

● 「AはB」〔普通の言い方〕

〔男女共通〕　A　B

● 「AはBです」〔丁寧な言い方〕

〔男性〕　A　B　ครับ
クラッ(プ)

〔女性〕　A　B　ค่ะ
カ

1 これはおいしいです。

นี่ อร่อย ครับ〔男性〕

ニー　アロイ　クラッ(プ)

2 風が強いです。

ลม แรง ครับ〔男性〕

ロム　レーン(グ)　クラッ(プ)

3 (今日は) 天気が良いです。

(วันนี้) อากาศ ดี ค่ะ〔女性〕

(ワンニー)　アガー(ト)　ディー　カ

4 この本はおもしろいです。

หนังสือ นี้ สนุก ครับ〔男性〕

ナン(グ)スー　ニー　サヌッ(ク)　クラッ(プ)

5 パタヤの景色がきれいです。

ทิวทัศน์ ของ พัทยา สวย ค่ะ〔女性〕

ティウタッ(ト)　コン(グ)　パッタヤー　スエイ　カ

6 あなたのタイ語は上手です。

ภาษาไทย ของ คุณ เก่ง ครับ〔男性〕

パサータイ　コン(グ)　クン　ゲン(グ)　クラッ(プ)

単語の解説

□ ลม：風	□ หนังสือ：本
□ แรง：強い	□ สนุก：おもしろい
□ อากาศ：天気	□ ทิวทัศน์：景色
□ ดี：良い	□ ภาษาไทย：タイ語

3日目 3 「～は…ではありません」（1）主語が人のとき Track 17

基本構文

AはBではありません。

主語A（人）＋ ไม่ ＋ B（形容詞）
マイ

基本フレーズ

ผม ไม่ สบาย ครับ 〔男性〕
ポ(ム) マイ サバーイ クラッ(プ)

私は元気ではありません。

ポイント解説

例文の「ผม」（ポ(ム)）は「私」〔男性〕、「สบาย」（サバーイ）は「元気な」という意味です。

●「AはBではありません」〔丁寧な言い方〕

〔男性〕 A ไม่ B ครับ
マイ クラッ(プ)

〔女性〕 A ไม่ B ค่ะ
マイ カ

●「私は～ではありません」〔丁寧な言い方〕

〔男性〕 ผม ไม่ ～ ครับ
ポ(ム) マイ クラッ(プ)

〔女性〕 ดิฉัน ไม่ ～ ค่ะ
ディチャン マイ カ

基本構文を使って言ってみよう　Track 17

1 私は忙しくありません。

ผม ไม่ ยุ่ง ครับ 〔男性〕

ポ(ム)　マイ ユン(グ) クラッ(プ)

2 私はうれしくありません。

ดิฉัน ไม่ มี ความสุข ค่ะ 〔女性〕

ディチャン マイ ミー クワー(ム)スッ(ク)　カ

3 私は疲れていません。

ดิฉัน ไม่ เหนื่อย ค่ะ 〔女性〕

ディチャン マイ　ヌアイ　カ

4 彼は背が高くありません。

เขา ตัว ไม่ สูง ครับ 〔男性〕

カウ　トゥア　マイスーン(グ) クラッ(プ)

5 彼はそんなに厳しくありません。

เขา ไม่ ค่อย เข้มงวด ครับ 〔男性〕

カウ　マイ　コイ　ケムグア(ト)　クラッ(プ)

単語の解説

- □ ยุ่ง：忙しい
- □ ดิฉัน：私〔女性〕
- □ มี ความสุข：うれしい、幸せな
- □ เหนื่อย：疲れている
- □ เขา：彼
- □ สูง：(背が) 高い
- □ ไม่ ค่อย ～：そんなに～ない
- □ เข้มงวด：厳しい

基本構文

AはBではありません。

主語A（物）＋ ไม่ ＋ B（形容詞）
マイ

基本フレーズ

นี่ ไม่ อร่อย ค่ะ 〔女性〕
ニー マイ アロイ カ

これはおいしくありません。

ポイント解説

例文の「**นี่**」（ニー）は「これ」、「**อร่อย**」（アロイ）は「おいしい」という意味です。

● **「AはBではない」**〔普通の言い方〕

〔男女共通〕 A ไม่ B
マイ

● **「AはBではありません」**〔丁寧な言い方〕

〔男性〕 A ไม่ B ครับ
マイ クラッ(プ)

〔女性〕 A ไม่ B ค่ะ
マイ カ

基本構文を使って言ってみよう　Track 18

1 風は強くない。

ลม ไม่ แรง ครับ 〔男性〕

ロム　マイ　レーン(グ)　クラッ(プ)

2 この映画はおもしろくありません。

หนัง เรื่อง นี้ ไม่ สนุก ค่ะ 〔女性〕

ナン(グ)　ルアン(グ)　ニー　マイ　サヌッ(ク)　カ

3 この本はおもしろくありません。

หนังสือ นี้ ไม่ สนุก ครับ 〔男性〕

ナン(グ)スー　ニー　マイ　サヌッ(ク)　クラッ(プ)

4 このコーヒーは甘くない。

กาแฟ นี้ ไม่ หวาน ครับ 〔男性〕

ガフェー　ニー　マイ　ワーン　クラッ(プ)

5 この料理はそんなに辛くない。

อาหาร นี้ ไม่ ค่อยเผ็ด ค่ะ 〔女性〕

アハーン　ニー　マイ　コイペッ(ト)　カ

6 この料理はあまりおいしくありません。

อาหาร นี้ ไม่ ค่อยอร่อย ค่ะ 〔女性〕

アハーン　ニー　マイ　コイアロイ　カ

単語の解説

- □ หนัง：映画
- □ สนุก：おもしろい
- □ หนังสือ：本
- □ กาแฟ：コーヒー
- □ หวาน：甘い
- □ อาหาร：料理
- □ เผ็ด：辛い
- □ ไม่ ค่อย ～：あまり～ない

3日目 5 「〜は…ですか？」(1) 主語が人のとき Track 19

基本構文

AはBですか？

主語A（人）＋B（形容詞）＋ไหม
マイ

基本フレーズ

คุณ ยุ่ง ไหม ครับ 〔男性〕
クン ユン(グ) マイ クラッ(プ)

あなたは忙しいですか？

ポイント解説

例文の「คุณ」（クン）は「あなた」、「ยุ่ง」（ユン(グ)）は「忙しい」という意味です。

● **「あなたは〜？」**〔普通の言い方〕

〔男女共通〕 คุณ 〜 ไหม
クン マイ

● **「あなたは〜ですか？」**〔丁寧な言い方〕

〔男性〕 คุณ 〜 ไหม ครับ
クン マイ クラッ(プ)

〔女性〕 คุณ 〜 ไหม คะ
クン マイ カ

基本構文を使って言ってみよう　Track 19

1 彼女は元気ですか？

เธอ สบายดี ไหม คะ〔女性〕

ター　サバーイディー　マイ　カ

2 あなたはうれしいですか？

คุณ มี ความสุข ไหม คะ〔女性〕

クン　ミー　クワー(ム)スッ(ク)　マイ　カ

3 あなたは疲れていますか？

คุณ เหนื่อย ไหม ครับ〔男性〕

クン　ヌアイ　マイ　クラッ(プ)

4 彼は背が高いですか？

เขา ตัวสูง ไหม ครับ〔男性〕

カウ　トゥアスーン(グ)　マイ　クラッ(プ)

5 彼女はきれいですか？

เธอ สวย ไหม คะ〔女性〕

ター　スエイ　マイ　カ

単語の解説

- □ เธอ：彼女
- □ สบายดี：元気な
- □ คุณ：あなた
- □ มี ความสุข：うれしい、幸せな
- □ เหนื่อย：疲れている
- □ เขา：彼
- □ ตัวสูง：背が高い
- □ สวย ～：きれいな

3日目 6 「～は…ですか？」(2) 主語が物のとき Track 20

基本構文

AはBですか？

主語A（物）＋B（形容詞）＋ไหม
マイ

基本フレーズ

นี่ อร่อย ไหม คะ〔女性〕
ニー　アロイ　マイ　カ

これはおいしいですか？

ポイント解説

例文の「**นี่**」（ニー）は「これ」、「**อร่อย**」（アロイ）は「おいしい」という意味です。

● **「AはB？」**〔普通の言い方〕

〔男女共通〕　A　B　ไหม
マイ

● **「AはBですか？」**〔丁寧な言い方〕

〔男性〕　A　～　ไหม　ครับ
マイ　クラッ(プ)

〔女性〕　A　～　ไหม　คะ
マイ　カ

基本構文を使って言ってみよう　Track 20

1 風が強いですか？

ลม แรง ไหม ครับ 〔男性〕

ロム　レーン(グ)　マイ　クラッ(プ)

2 この映画はおもしろいですか？

หนัง เรื่อง นี้ สนุก ไหม คะ 〔女性〕

ナン(グ)　ルアン(グ)　ニー　サヌッ(ク)　マイ　カ

3 この本はおもしろいですか？

หนังสือ นี้ สนุก ไหม ครับ 〔男性〕

ナン(グ)スー　ニー　サヌッ(ク)　マイ　クラッ(プ)

4 このコーヒーは甘いですか？

กาแฟ นี้ หวาน ไหม คะ 〔女性〕

ガフェー　ニー　ワーン　マイ　カ

5 天気は良いですか？

อากาศ ดี ไหม คะ 〔女性〕

アガー(ト)　ディー　マイ　カ

6 これは辛いですか？

นี่ เผ็ด ไหม คะ 〔女性〕

ニー　ペッ(ト)　マイ　カ

単語の解説

- □ หนัง：映画
- □ สนุก：おもしろい
- □ หนังสือ：本
- □ กาแฟ：コーヒー
- □ หวาน：甘い
- □ อากาศ：天気
- □ ดี：良い
- □ เผ็ด：辛い

4日目

時制の表し方

基本構文

Aは〜します。

主語 A ＋動詞

基本フレーズ

ผม เล่น ฟุตบอล ครับ 〔男性〕

ポ(ム) レン フッ(ト)ボン クラッ(プ)

私はサッカーをします。

ポイント解説

「私」は、男性が言うときは「**ผม**」(ポ(ム))、女性が言うときは「**ดิฉัน**」(ディチャン)になります。
例文の「**เล่น**」(レン)は「する、やる」、「**ฟุตบอล**」(フッ(ト)ボン)は「サッカー」という意味です。

文の最後に、男性は「**ครับ**」(クラッ(プ))、女性は「**ค่ะ**」(カ)をつけると丁寧な言い方になります。

● **「私は〜する」** 〔普通の言い方〕

〔男性〕 ผม 〜
ポ(ム)

〔女性〕 ดิฉัน 〜
ディチャン

● **「私は〜します」** 〔丁寧な言い方〕

〔男性〕 ผม 〜 ครับ
ポ(ム) クラッ(プ)

〔女性〕 ดิฉัน 〜 ค่ะ
ディチャン カ

基本構文を使って言ってみよう　Track 21

1 私は映画を観ます。

ดิฉัน จะ ดูหนัง ค่ะ 〔女性〕

ディチャン ヂャ ドゥーナン(ク) カ

2 私はチャトゥチャックに行きます。

ดิฉัน จะ ไป จตุจักร ค่ะ 〔女性〕

ディチャン ヂャ パイ ヂャトゥヂャッ(ク) カ

3 私たちはタイ語を勉強します。

พวกเรา จะ เรียน ภาษาไทย ค่ะ 〔女性〕

プアッ(ク)ラウ ヂャ リエン パサータイ カ

4 彼は銀行に行きます。

เขา จะ ไป ธนาคาร ครับ 〔男性〕

カウ ヂャ パイ タナーカーン クラッ(プ)

5 私は毎日働いている。

ผม ทำงาน ทุกวัน 〔男性〕

ポ(ム) タムガーン トゥ(ク)ワン

6 私はA社で働いています。

ผม ทำงาน ที่ บริษัท A ครับ 〔男性〕

ポ(ム) タムガーン ティ ボリサッ(ト) エー クラッ(プ)

単語の解説

- □ ดู：見る、観る
- □ หนัง：映画
- □ ไป：行く
- □ เรียน：勉強する
- □ ภาษาไทย：タイ語
- □ ธนาคาร：銀行
- □ ทำงาน：働く
- □ บริษัท：会社

基本構文

Aは〜しません。

主語A + ไม่ + 動詞〜
マイ

基本フレーズ

ผม ไม่ ดื่ม เหล้า ครับ 〔男性〕
ポ(ム) マイ ドゥー(ム) ラウ クラッ(プ)

私はお酒を飲みません。

ポイント解説

例文の「**ดื่ม**」(ドゥー(ム))は「飲む」、「**เหล้า**」(ラウ)は「お酒」という意味です。

● **「Aは〜しない」** 〔普通の言い方〕

〔男女共通〕 A ไม่ 〜
マイ

● **「私は〜しません」** 〔丁寧な言い方〕

〔男性〕 ผม ไม่ 〜 ครับ
ポ(ム) マイ クラッ(プ)

〔女性〕 ดิฉัน ไม่ 〜 ค่ะ
ディチャン マイ カ

基本構文を使って言ってみよう　Track 22

1 私はタバコを吸いません。

ผม ไม่ สูบบุหรี่ ครับ 〔男性〕

ポ(ム)　マイ　スー(プ)ブリー　クラッ(プ)

2 私は行かないよ。

ผม ไม่ ไป นะ 〔カジュアル、男性〕

ポ(ム)　マイ　パイ　ナ

3 水が出ません。

น้ำ ไม่ ไหล ค่ะ 〔女性〕

ナー(ム)　マイ　ライ　カ

4 エアコンが動きません。

เครื่องปรับอากาศ ไม่ ทำงาน ค่ะ 〔女性〕

クルアン(グ)プラッ(プ)アガー(ト)　マイ　タムガーン　カ

5 彼は来ないよ。

เขา ไม่ มา นะ 〔カジュアル〕

カウ　マイ　マー　ナ

6 彼のことを知らないよ。

เรื่อง ของ เขา ไม่ รู้ นะ 〔カジュアル〕

ルアン(グ)　コン(グ)　カウ　マイ　ルー　ナ

単語の解説

- □ สูบ：吸う
- □ บุหรี่：タバコ
- □ น้ำ：水
- □ เครื่องปรับอากาศ：エアコン
- □ ทำงาน：動く、働く
- □ มา：来る
- □ เรื่อง：こと
- □ รู้：知っている

基本構文

Aは～しますか？

主語A ＋ 動詞 ＋ ไหม
マイ

基本フレーズ

คุณ เล่น เทนนิส ไหม คะ 〔女性〕
クン レン テンニッ(ト) マイ カ

あなたはテニスをしますか？

ポイント解説

例文の「**เล่น**」（レン）は「する、やる」、「**เทนนิส**」（テンニッ(ト)）は「テニス」という意味です。

● **「あなたは～する？」** 〔普通の言い方〕

〔男女共通〕 คุณ ～ ไหม
クン マイ

● **「あなたは～しますか？」** 〔丁寧な言い方〕

〔男性〕 คุณ ～ ไหม ครับ
クン マイ クラッ(プ)

〔女性〕 คุณ ～ ไหม คะ
クン マイ カ

基本構文を使って言ってみよう　Track 23

1 あなたは車を運転しますか？

คุณ ขับรถ ไหม ครับ 〔男性〕

クン カッ(プ)ロッ(ト) マイ クラッ(プ)

2 あなたはお酒を飲みますか？

คุณ ดื่มเหล้า ไหม คะ 〔女性〕

クン ドゥー(ム)ラウ マイ カ

3 あなたは映画を観るのが好きですか？

คุณ ชอบ ดูหนัง ไหม คะ 〔女性〕

クン チョー(プ) ドゥーナン(グ) マイ カ

4 あなたは（よく）ビールを飲みますか？

คุณ ดื่มเบียร์ (บ่อย) ไหม ครับ 〔男性〕

クン ドゥ-(ム)ビアー （ボイ） マイ クラッ(プ)

5 あなたは日本が好き？

คุณ ชอบ ญี่ปุ่น ไหม

クン チョーッ(プ) ジプン マイ

6 彼はそのことを知っていますか？

เขา รู้ เรื่องนั้น ไหม ครับ 〔男性〕

カウ ルー ルアン(グ)ナン マイ クラッ(プ)

単語の解説

- □ ขับ：運転する
- □ รถ：車
- □ ดื่ม：飲む
- □ เหล้า：お酒
- □ ดู：見る、観る
- □ ชอบ：好きである、好む
- □ เบียร์：ビール
- □ ญี่ปุ่น：日本

4日目 4 「～しています」 Track 24

基本構文

Aは～しています。

主語A + กำลัง + 動詞（+目的語）+ (อยู่)
ガムラン(グ) ユ

基本フレーズ

ดิฉัน กำลัง ดูหนัง ค่ะ 〔女性〕
ディチャン ガムラン(グ) ドゥーナン(グ) カ
私は映画を観ています。

ポイント解説

例文の「**ดู**」（ドゥー）は「観る、見る」、「**หนัง**」（ナン(グ)）は「映画」という意味です。

●「Aは～している」〔普通の言い方〕

〔男女共通〕 A กำลัง ～
ガムラン(グ)

●「私は～しています」〔丁寧な言い方〕

〔男性〕 ผม กำลัง ～ ครับ
ポ(ム) ガムラン(グ) クラッ(プ)

〔女性〕 ดิฉัน กำลัง ～ ค่ะ
ディチャン ガムラン(グ) カ

基本構文を使って言ってみよう　Track 24

1 彼は（今）電話中です。

เขา กำลัง คุยโทรศัพท์ (อยู่) ค่ะ 〔女性〕
カウ　ガムラン(グ)　クイトラサッ(プ)　(ユ)　カ

2 ナルモンさんは料理しています。

คุณ นฤมล กำลัง ทำอาหาร ค่ะ 〔女性〕
クン　ナルモン　ガムラン(グ)　タム アハーン　カ

3 私たちは（今）彼を待っています。

พวกเรา กำลัง รอ เขา (อยู่) ครับ 〔男性〕
プアッ(ク)ラウ　ガムラン(グ)　ロー　カウ　(ユ)　クラッ(プ)

4 雨が降っています。

ฝน กำลัง ตก ค่ะ 〔女性〕
フォン　ガムラン(グ)　トッ(ク)　カ

5 私は（今）本を読んでいるよ。

ผม กำลัง อ่านหนังสือ (อยู่) นะ 〔カジュアル、男性〕
ポ(ム)　ガムラン(グ)　アーンナン(グ)スー　(ユ)　ナ

6 私は（今）ご飯を食べているよ。

ฉัน กำลัง ทานข้าว (อยู่) นะ 〔カジュアル、男女〕
チャン　ガムラン(グ)　ターンカーウ　(ユ)　ナ

単語の解説

- □ คุย：話す
- □ โทรศัพท์：電話する
- □ ทำอาหาร：料理する
- □ รอ：待つ
- □ ฝน：雨
- □ อ่าน：読む
- □ ทาน：食べる
- □ ข้าว：ご飯

4日目 5 「～します」(未来)、「～するつもりです」 Track 25

基本構文

Aは～します。〔未来〕／Aは～するつもりです。

主語A ＋ จะ ＋ 動詞 ～ ／
（จะ：ヂャ）

主語A ＋ ตั้งใจว่า จะ ＋ 動詞 ～
（ตั้งใจว่า：タン(グ)ヂャイワー　จะ：ヂャ）

基本フレーズ

สัปดาห์หน้า ผม จะ ไป ไทย ครับ 〔男性〕
サッ(プ)ダーナー　ポ(ム)　ヂャ　パイ　タイ　クラッ(プ)

来週、私はタイに行きます。

ポイント解説

例文の「สัปดาห์หน้า」(サッ(プ)ダーナー) は「来週」、「ไป」(パイ) は「行く」、「ไทย」(タイ) は「タイ」という意味です。

● **「Aは～する」**〔未来〕〔普通の言い方〕

〔男女共通〕 A จะ ～
　　　　　　　ヂャ

● **「私は～するつもりです」**〔丁寧な言い方〕

〔男性〕 ผม ตั้งใจว่า จะ ～ ครับ
ポ(ム)　タン(グ)ヂャイワー　ヂャ　クラッ(プ)

〔女性〕 ดิฉัน ตั้งใจว่า จะ ～ ค่ะ
ディチャン　タン(グ)ヂャイワー　ヂャ　カ

基本構文を使って言ってみよう　Track 25

1 私は映画を観に行きます。

ผม จะ ไป ดูหนัง ครับ 〔未来〕〔男性〕

ポ(ム)　ヂャ　パイ ドゥーナン(グ) クラッ(プ)

2 明日、私は彼女に会います。

พรุ่งนี้ ดิฉัน จะ พบ เธอ ค่ะ 〔女性〕

プルン(グ)ニー ディチャン　ヂャ　ポッ(プ)　ター　カ

3 私は家族とタイに行くつもりです。

ผม ตั้งใจ จะ ไป ไทย กับ ครอบครัว ครับ 〔男性〕

ポ(ム) タン(グ)ヂャイ ヂャ パイ　タイ　ガッ(プ)　クロー(プ)クルア　クラッ(プ)

4 私は来年、結婚するつもりなの。

ดิฉัน ตั้งใจว่า ปีหน้า จะ แต่งงาน น่ะ 〔カジュアル、女性〕

ディチャン タン(グ)ヂャイワー　ピーナー　ヂャ　テン(グ)ガーン　ナ

5 来週、私は日本に帰るつもりなの。

สัปดาห์หน้า ดิฉัน ตั้งใจว่า จะ กลับ ญี่ปุ่น น่ะ 〔カジュアル、女性〕

サッ(プ)ダーナー　ディチャン タン(グ)ヂャイワー ヂャ グラッ(プ) ジプン　ナ

単語の解説

- □ ดู：観る、見る
- □ หนัง：映画
- □ พบ：会う
- □ ไป ไทย：タイに行く
- □ ครอบครัว：家族
- □ แต่งงาน：結婚する
- □ กลับ：帰る
- □ ญี่ปุ่น：日本

4日目 6 「〜しました」 Track 26

基本構文

Aは〜しました。

主語A＋動詞（＋目的語）＋ แล้ว
レーウ

基本フレーズ

ผม ไป ไทย แล้ว ครับ 〔男性〕
ポ(ム) パイ タイ レーウ クラッ(プ)

私はタイに行きました。

ポイント解説

例文の「ไป」（パイ）は「行く」、「ไทย」（タイ）は「タイ」という意味です。

●「Aは〜した」〔普通の言い方〕

〔男女共通〕 A 〜 แล้ว
レーウ

●「私は〜しました」〔丁寧な言い方〕

〔男性〕 ผม 〜 แล้ว ครับ
ポ(ム) レーウ クラッ(プ)

〔女性〕 ดิฉัน 〜 แล้ว ค่ะ
ディチャン レーウ カ

基本構文を使って言ってみよう　Track 26

1 私は映画を観ました。

ดิฉัน ดูหนัง แล้ว ค่ะ 〔女性〕

ディチャン ドゥーナン(グ)　レーウ　カ

2 私はタイで彼に会いました。

ผม พบเขา ที่ไทย แล้ว ครับ 〔男性〕

ポ(ム)　ポッ(プ)カウ　ティタイ　レーウ　クラッ(プ)

3 私はタイのトムカーカイを食べました。

ดิฉัน ทาน ต้มข่าไก่ ของ ไทย แล้ว ค่ะ 〔女性〕

ディチャン　ターン　ト(ム)カーガイ　コン(グ)　タイ　レーウ　カ

4 私はホテルを予約しました。

ผม จอง โรงแรม แล้ว ครับ 〔男性〕

ポ(ム) ヂョーン(グ) ロン(グ)レー(ム)　レーウ　クラッ(プ)

5 彼は駅に着きました。

เขา ถึง สถานี แล้ว ครับ 〔男性〕

カウ トゥン(グ) サターニー　レーウ　クラッ(プ)

6 私たちは買い物をしました。

พวกเรา ซื้อของ แล้ว ค่ะ 〔女性〕

プアッ(ク)ラウ　スーコーン(グ)　レーウ　カ

単語の解説

- □ พบ：会う
- □ ทาน：食べる
- □ จอง：予約する
- □ โรงแรม：ホテル
- □ ถึง：着く
- □ สถานี：駅
- □ ซื้อ：買う
- □ ของ：物

4日目 時制の表し方

基本構文

Aはもう〜しました。

主語A＋動詞（＋目的語）＋เรียบร้อย แล้ว

リエッ(プ)ローイ　レーウ

基本フレーズ

ดิฉัน ดูละคร นั้น เรียบร้อย แล้ว ค่ะ〔女性〕

ディチャン ドゥーラコーン　ナン　リエッ(プ)ローイ　レーウ　カ

私はそのドラマをもう観ました。

ポイント解説

例文の「**ดู**」（ドゥー）は「観る、見る」、「**ละคร**」（ラコーン）は「ドラマ」、「**นั้น**」（ナン）は「その」という意味です。

● **「Aはもう〜した」**〔普通の言い方〕

〔男女共通〕 A　〜　เรียบร้อย　แล้ว

リエッ(プ)ローイ　レーウ

● **「私はもう〜しました」**〔丁寧な言い方〕

〔男性〕 ผม　〜　เรียบร้อย　แล้ว　ครับ

ポ(ム)　リエッ(プ)ローイ　レーウ　クラッ(プ)

〔女性〕 ดิฉัน　〜　เรียบร้อย　แล้ว　ค่ะ

ディチャン　リエッ(プ)ローイ　レーウ　カ

基本構文を使って言ってみよう　Track 27

1 私はもう料理を注文しました。

ดิฉัน สั่ง อาหาร เรียบร้อย แล้ว ค่ะ 〔女性〕

ディチャン サン(グ)　アハーン　リエッ(プ)ローイ　レーウ　カ

2 私はもうホテルに着きました。

ผม ถึง โรงแรม เรียบร้อย แล้ว ครับ 〔男性〕

ポ(ム)　トゥン(グ)　ロン(グ)レー(ム)　リエッ(プ)ローイ　レーウ　クラッ(プ)

3 私はもうこの本を読みました。

ผม อ่านหนังสือ นี้ เรียบร้อย แล้ว ครับ 〔男性〕

ポ(ム)　アーンナン(グ)スー　ニー　リエッ(プ)ローイ　レーウ　クラッ(プ)

4 彼女はもう家に帰りました。

เธอ กลับบ้าน เรียบร้อย แล้ว ค่ะ 〔女性〕

ター　グラッ(プ)バーン　リエッ(プ)ローイ　レーウ　カ

5 列車はもう出発しました。

รถไฟ ออกไป เรียบร้อย แล้ว ครับ 〔男性〕

ロッ(ト)ファイ　オー(ク)パイ　リエッ(プ)ローイ　レーウ　クラッ(プ)

単語の解説

- □ สั่ง：注文する
- □ อาหาร：料理
- □ ถึง：着く
- □ โรงแรม：ホテル
- □ อ่าน：読む
- □ กลับ：帰る
- □ บ้าน：家
- □ รถไฟ：列車

基本構文

Aは〜したことがあります。

主語A + เคย + 動詞
クーイ

基本フレーズ

ผม เคย พบเขา ครับ 〔男性〕
ポ(ム) クーイ ポッ(プ)カウ クラッ(プ)

私は彼に会ったことがあります。

ポイント解説

例文の「พบ」(ポッ(プ))は「会う」、「เขา」(カウ)は「彼」という意味です。

● **「Aは〜したことがある」**〔普通の言い方〕

〔男女共通〕 A เคย 〜
クーイ

● **「私は〜したことがあります」**〔丁寧な言い方〕

〔男性〕 ผม เคย 〜 ครับ
ポ(ム) クーイ クラッ(プ)

〔女性〕 ดิฉัน เคย 〜 ค่ะ
ディチャン クーイ カ

基本構文を使って言ってみよう　Track 28

1 私はトムカーカイを食べたことがあります。

ดิฉัน เคย ทาน ต้มข่าไก่ ค่ะ〔女性〕

ディチャン　クーイ　ターン　トムカーカイ　カ

2 私はヤラーに住んだことがあります。

ผม เคย อาศัย อยู่ ที่ ยะลา ครับ〔男性〕

ポ(ム)　クーイ　アサイ　ユー　ティ　ヤラー　クラッ(プ)

3 私はその本を読んだことがあります。

ดิฉัน เคย อ่านหนังสือ นั้น ค่ะ〔女性〕

ディチャン　クーイ　アーンナン(グ)スー　ナン　カ

4 私はチャトゥチャックに行ったことがある。

ผม เคย ไป จตุจักร〔男性〕

ポ(ム)　クーイ　パイ　ヂャドゥヂャッ(ク)

5 私はタイ語を勉強したことがある。

ผม เคย เรียน ภาษาไทย〔男性〕

ポ(ム)　クーイ　リエン　パサータイ

6 この歌、聞いたことがあるね。

เคย ฟัง เพลงนี้ นะ〔カジュアル〕

クーイ　ファン(グ)　プレーン(グ)ニー　ナ

単語の解説

- □ ทาน：食べる
- □ อาศัย：住む
- □ อ่าน：読む
- □ หนังสือ：本
- □ เรียน：勉強する
- □ ภาษาไทย：タイ語
- □ ฟัง：聞く
- □ เพลง：歌

5日目

動詞、助動詞の使い方

基本構文

Aは～したいです。

主語A ＋ อยาก ＋ 動詞
ヤー(ク)

基本フレーズ

ดิฉัน อยาก ไป ซื้อของ ค่ะ 〔女性〕
ディチャン ヤー(ク) パイ スーコーン(グ) カ

私は買い物に行きたいです。

ポイント解説

例文の「ไป」（パイ）は「行く」、「ซื้อ」（スー）は「買う」、「ของ」（コーン(グ)）は「物」という意味です。

文の最後に、男性は「ครับ」（クラッ(プ)）、女性は「ค่ะ」（カ）をつけると丁寧な言い方になります。

● **「Aは～したい」**〔普通の言い方〕

〔男女共通〕 A อยาก ～
ヤー(ク)

● **「私は～したいです」**〔丁寧な言い方〕

〔男性〕 ผม อยาก ～ ครับ
ポ(ム) ヤー(ク) クラッ(プ)

〔女性〕 ดิฉัน อยาก ～ ค่ะ
ディチャン ヤー(ク) カ

基本構文を使って言ってみよう　Track 29

1 私はこれを買いたいです。

ผม อยาก ซื้อ นี่ ครับ〔男性〕

ポ(ム)　ヤー(ク)　スー　ニー　クラッ(プ)

2 私はマサマンを食べたいです。

ผม อยาก ทาน มัสมั่น ครับ〔男性〕

ポ(ム)　ヤー(ク)　ターン　マッサマン　クラッ(プ)

3 私はスイカジュースを飲みたいです。

ดิฉัน อยาก ดื่ม น้ำแตงโม ค่ะ〔女性〕

ディチャン　ヤー(ク)　ドゥー(ム)　ナ(ム)テン(グ)モー　カ

4 私は映画を観たいです。

ดิฉัน อยาก ดู หนัง ค่ะ〔女性〕

ディチャン　ヤー(ク)　ドゥー　ナン(グ)　カ

5 両替したいです。

ผม อยาก แลกเงิน ครับ〔男性〕

ポ(ム)　ヤー(ク)　レー(ク)グン　クラッ(プ)

6 あなたに会いたい。

อยาก พบ คุณ

ヤー(ク)　ポッ(プ)　クン

単語の解説

- □ ซื้อ：買う
- □ นี่：これ
- □ ทาน：食べる
- □ ดื่ม：飲む
- □ ดู：観る、見る
- □ หนัง：映画
- □ แลกเงิน：両替する
- □ พบ：会う

基本構文

～してください。

กรุณา ～
ガルナー

基本フレーズ

กรุณา เรียก แท็กซี่ ครับ〔男性〕
ガルナー　リエッ(ク)　テッ(ク)シー　クラッ(プ)

タクシーを呼んでください。

ポイント解説

例文の「**เรียก**」(リエッ(ク))は「呼ぶ」、「**แท็กซี่**」(テッ(ク)シー)は「タクシー」という意味です。

● **「～してください」**〔丁寧な言い方〕

〔男性〕 กรุณา ～ ครับ
ガルナー　クラッ(プ)

〔女性〕 กรุณา ～ ค่ะ
ガルナー　カ

基本構文を使って言ってみよう　Track 30

1 私たちの写真を撮ってください。

กรุณา ถ่ายรูป พวกเรา ค่ะ〔女性〕

ガルナー　ターイルー(プ)　プアッ(ク)ラウ　カ

2 彼女に連絡してください。

กรุณา ติดต่อ เธอ ค่ะ〔女性〕

ガルナー　ティッ(ト)トー　ター　カ

3 駅までの行き方を教えてください。

กรุณา สอน วิธีไป สถานี ครับ〔男性〕

ガルナー　ソーン　ウィティーパイ　サターニー　クラッ(プ)

4 もう一度、言ってください。

กรุณา พูด อีกครั้ง ครับ〔男性〕

ガルナー　プー(ト)　イー(ク)クラン(グ)　クラッ(プ)

＜参考＞

1 メニューを見せてください。

ขอดู เมนู ค่ะ〔女性〕

コードゥー　メヌー　カ

2 両替してください。

ขอ แลกเงิน ครับ〔男性〕

コー　レー(ク)グン　クラッ(プ)

単語の解説

- □ ถ่ายรูป：写真を撮る
- □ พวกเรา：私たち
- □ ติดต่อ：連絡する
- □ สอน：教える
- □ วิธี：方法
- □ สถานี：駅
- □ พูด：言う
- □ เมนู：メニュー

5日目 3 「〜してください」(2)

Track 31

基本構文

どうぞ〜してください。

เชิญ 〜
チューン

基本フレーズ

เชิญ ดื่ม ชา ค่ะ 〔女性〕
チューン ドゥー(ム) チャー カ

どうぞお茶を飲んでください。

ポイント解説

例文の「**ดื่ม**」(ドゥー(ム))は「飲む」、「**ชา**」(チャー)は「お茶」という意味です。

● **「どうぞ〜してください」**〔丁寧な言い方〕

〔男性〕 เชิญ 〜 ครับ
チューン クラッ(プ)

〔女性〕 เชิญ 〜 ค่ะ
チューン カ

次のような言い方もあります。

〔男性〕 ขอเชิญ 〜 ครับ
コーチャーン クラッ(プ)

〔女性〕 ขอเชิญ 〜 ค่ะ
コーチャーン カ

基本構文を使って言ってみよう　Track 31

1 どうぞ部屋に入ってください。

เชิญ เข้า ห้อง ค่ะ〔女性〕
チューン　カウ　ホン(グ)　カ

2 どうぞご覧ください。

เชิญ ชม ครับ〔男性〕
チューン　チョ(ム)　クラッ(プ)

3 どうぞ食べてください。

ขอเชิญ ทาน ค่ะ〔女性〕
コーチャーン　ターン　カ

4 どうぞおかけください。

ขอเชิญ นั่ง ค่ะ〔女性〕
コーチャーン　ナン(グ)　カ

単語の解説

- □ เข้า：入る
- □ ทาน：食べる
- □ ห้อง：部屋
- □ นั่ง：座る

基本構文

～しないでください。

กรุณา อย่า ～
ガルナー　ヤー

基本フレーズ

กรุณา อย่า อ้อม ไกล ครับ〔男性〕
ガルナー　ヤー　オー(ム)　グライ　クラッ(プ)

遠回りしないでください。〔タクシー〕

ポイント解説

例文の「อ้อม ไกล」(オー(ム) グライ) は「遠回りする」、「ไกล」(グライ) は「遠い」という意味です。

● **「～しないで」**〔普通の言い方〕

〔男女共通〕 กรุณา　อย่า　～
ガルナー　ヤー

● **「～しないでください」**〔丁寧な言い方〕

〔男性〕 กรุณา　อย่า　～　ครับ
ガルナー　ヤー　クラッ(プ)

〔女性〕 กรุณา　อย่า　～　ค่ะ
ガルナー　ヤー　カ

基本構文を使って言ってみよう　Track 32

1 砂糖を入れないでください。

กรุณา อย่า ใส่ น้ำตาล ค่ะ 〔女性〕

ガルナー　ヤー　サイ　ナ(ム)ターン　カ

2 それに触らないでください。

กรุณา อย่า แตะ นั่น ครับ 〔男性〕

ガルナー　ヤー　テ　ナン　クラッ(プ)

3 ここで騒がないでください。

กรุณา อย่า ส่งเสียงดัง ที่นี่ ครับ 〔男性〕

ガルナー　ヤー　ソン(グ)シエン(グ)ダン(グ) ティニー クラッ(プ)

4 ここにゴミを捨てないでください。

กรุณา อย่า ทิ้งขยะ ที่นี่ ค่ะ 〔女性〕

ガルナー　ヤー　ティン(グ)カヤ ティニー　カ

5 あそこに行かないでください。

กรุณา อย่า ไป ที่นั่น ครับ 〔男性〕

ガルナー　ヤー　パイ　ティナン　クラッ(プ)

6 心配しないでください。

กรุณา อย่า กังวล ค่ะ 〔女性〕

ガルナー　ヤー　ガン(グ)ウォン　カ

単語の解説

- □ ใส่：入れる
- □ น้ำตาล：砂糖
- □ แตะ：触る
- □ นั่น：それ
- □ ที่นี่：ここ
- □ ทิ้ง：捨てる
- □ ขยะ：ゴミ
- □ กังวล：心配する

基本構文

Aは～することができます。

主語 A ＋ 動詞 ～ ＋ ได้
ダイ

基本フレーズ

ผม พูด ภาษาไทย ได้ ครับ 〔男性〕
ポ(ム) プーッ(ト) パサータイ ダイ クラッ(プ)

私はタイ語を話せます。

ポイント解説

例文の「พูด」（プーッ(ト)）は「話す」、「ภาษาไทย」（パサータイ）は「タイ語」という意味です。

● **「Aは～できる」**〔普通の言い方〕

〔男女共通〕 A ～ ได้
ダイ

● **「私は～できます」**〔丁寧な言い方〕

〔男性〕 ผม ～ ได้ ครับ
ポ(ム) ダイ クラッ(プ)

〔女性〕 ดิฉัน ～ ได้ ค่ะ
ディチャン ダイ カ

基本構文を使って言ってみよう　Track 33

1 私はタイ語を読めます。

ดิฉัน อ่าน ภาษาไทย ได้ ค่ะ 〔女性〕
ディチャン　アーン　パサータイ　ダイ　カ

2 私は英語を話せます。

ผม พูด ภาษาอังกฤษ ได้ ครับ 〔男性〕
ポ(ム)　プーッ(ト)　パサーアン(グ)グリッ(ト)　ダイ　クラッ(プ)

3 彼は日本語を話せます。

เขา พูด ภาษาญี่ปุ่น ได้ ครับ 〔男性〕
カウ　プーッ(ト)　パサージプン　ダイ　クラッ(プ)

4 私は車を運転できます。

ดิฉัน ขับรถ ได้ ค่ะ 〔女性〕
ディチャン　カッ(プ)ロッ(ト)　ダイ　カ

5 今日、私は残業（することが）できます。

วันนี้ ผม ทำงานล่วงเวลา ได้ ครับ 〔男性〕
ワンニー　ポ(ム)　タムガーンルアン(グ)ウェーラー　ダイ　クラッ(プ)

6 私は泳ぐことができます。

ผม ว่ายน้ำ ได้ ครับ 〔男性〕
ポ(ム)　ワーイナー(ム)　ダイ　クラッ(プ)

単語の解説

- □ อ่าน：読む
- □ ภาษาอังกฤษ：英語
- □ ภาษาญี่ปุ่น：日本語
- □ ขับ：運転する
- □ รถ：車
- □ วันนี้：今日
- □ ทำงาน：働く
- □ ว่ายน้ำ：泳ぐ

5日目 6 「～してもいいですか？」 Track 34

基本構文

～してもいいですか？

（主語＋）動詞～＋ได้ไหม
ダイマイ

基本フレーズ

ลองใส่ ได้ไหม คะ 〔女性〕
ローン(グ)サイ　ダイマイ　カ

試着してもいいですか？

ポイント解説

例文の「ลองใส่」（ローン(グ)サイ）は「試着する」、「ใส่」（サイ）は「着る」という意味です。

主語が省略されるときもあります。

● **「～してもいい？」**〔普通の言い方〕

〔男女共通〕 ～ ได้ไหม
ダイマイ

● **「～してもいいですか？」**〔丁寧な言い方〕

〔男性〕 ～ ได้ไหม ครับ
ダイマイ　クラッ(プ)

〔女性〕 ～ ได้ไหม คะ
ダイマイ　カ

基本構文を使って言ってみよう　Track 34

1 それを借りてもいいですか？

ขอยืม นั่น ได้ไหม คะ〔女性〕

コーユー(ム)　ナン　ダイマイ　カ

2 これを使ってもいいですか？

ขอใช้ นี่ ได้ไหม คะ〔女性〕

コーチャイ ニー　ダイマイ　カ

3 ここで写真を撮ってもいいですか？

ขอถ่ายรูป ที่นี่ ได้ไหม คะ〔女性〕

コーターイルー(プ) ティニー　ダイマイ　カ

4 そこへ行ってもいいですか？

ขอไป ที่นั่น ได้ไหม ครับ〔男性〕

コーパイ　ティナン　ダイマイ　クラッ(プ)

5 彼女を誘ってもいいですか？

ขอชวนเธอ ได้ไหม ครับ〔男性〕

コーチュアンター　ダイマイ　クラッ(プ)

6 ここに座ってもいい？

ตรงนี้ นั่ง ได้มั้ย

トロン(グ)ニー ナン(グ)　ダイマイ

単語の解説

- □ ยืม：借りる
- □ ใช้：使う
- □ ถ่ายรูป：写真を撮る
- □ ที่นี่：ここ
- □ ไป：行く
- □ ชวน：誘う
- □ เธอ：彼女
- □ นั่ง：座る

基本構文

Aは～しなければなりません。

主語A ＋ ต้อง ＋ 動詞 ～
トン(グ)

基本フレーズ

ผม ต้อง ไป ธนาคาร ครับ 〔男性〕
ポ(ム) トン(グ) パイ タナーカーン クラッ(プ)

私は銀行へ行かなければなりません。

ポイント解説

例文の「ไป」（パイ）は「行く」、「ธนาคาร」（タナーカーン）は「銀行」という意味です。

● 「Aは～しなければならない」〔普通の言い方〕

〔男女共通〕 A ต้อง ～
トン(グ)

● 「私は～しなければなりません」〔丁寧な言い方〕

〔男性〕 ผม ต้อง ～ ครับ
ポ(ム) トン(グ) クラッ(プ)

〔女性〕 ดิฉัน ต้อง ～ ค่ะ
ディチャン トン(グ) カ

1 私は彼に連絡しなければなりません。
ผม ต้อง ติดต่อ เขา ครับ 〔男性〕
ポ(ム)　トン(グ)　ティッ(ト)トー　カウ　クラッ(プ)

2 私は彼女に会わなければなりません。
ดิฉัน ต้อง พบ เธอ ค่ะ 〔女性〕
ディチャン　トン(グ)　ポッ(プ)　ター　カ

3 私は書類を送らなければなりません。
ดิฉัน ต้อง ส่ง เอกสาร ค่ะ 〔女性〕
ディチャン　トン(グ)　ソン(グ)　エッガサーン　カ

4 明日、あなたはそこへ行かなければなりません。
พรุ่งนี้ คุณ ต้อง ไป ที่นั่น ค่ะ 〔女性〕
プルン(グ)ニー　クン　トン(グ)　パイ　ティナン　カ

5 チケットを買わなければなりません。
ต้อง ซื้อตั๋ว ครับ 〔男性〕
トン(グ)　スートゥア　クラッ(プ)

6 ホテルを予約しなければなりません。
ต้อง จอง โรงแรม ครับ 〔男性〕
トン(グ)　チョーン(グ)　ロン(グ)レー(ム)　クラッ(プ)

単語の解説

- □ ติดต่อ：連絡する
- □ พบ：会う
- □ ส่ง：送る
- □ เอกสาร：書類
- □ ซื้อ：買う
- □ ตั๋ว：チケット
- □ จอง：予約する
- □ โรงแรม：ホテル

6日目

疑問詞のある文

基本構文

Aは何ですか？

主語A ～ อะไร
アライ

基本フレーズ

งานอดิเรก ของ คุณ คือ อะไร คะ 〔女性〕
ガーンアディレー(ク) コン(グ) クン クー アライ カ

あなたの趣味は何ですか？

ポイント解説

「～は何？」とたずねるときは「～ อะไร」（アライ）などの表現を使います。

例文の「งานอดิเรก」（ガーンアディレー(ク)）は「趣味」、「ของ คุณ」（コン(グ) クン）は「あなたの」という意味です。

文の最後に、男性は「ครับ」（クラッ(プ)）、女性は「ค่ะ」（カ）をつけると丁寧な言い方になります。

● **「～は何？」** 〔普通の言い方〕

〔男女共通〕 ～ อะไร
アライ

● **「～は何ですか？」** 〔丁寧な言い方〕

〔男性〕 ～ อะไร ครับ
アライ クラッ(プ)

〔女性〕 ～ อะไร คะ
アライ カ

基本構文を使って言ってみよう　Track 36

1 これは何ですか？

นี่ คือ อะไร ครับ 〔男性〕

ニー　クー　アライ　クラッ(プ)

2 あれは何ですか？

นั่น คือ อะไร ครับ 〔男性〕

ナン　クー　アライ　クラッ(プ)

3 あなたのお仕事は何ですか？

คุณ ทำงาน อะไร ครับ 〔男性〕

クン　タムガーン　アライ　クラッ(プ)

＜参考＞

1 これはタイ語で何と言いますか？

นี่ ภาษาไทย เรียกว่า อะไร คะ 〔女性〕

ニー　パサータイ　リエッ(ク)ワー　アライ　カ

2 あなたのお名前は何とおっしゃいますか？

〔あなたのお名前は何ですか？〕

จะ เรียก คุณ ว่าอย่างไร คะ 〔女性〕

ヂャ　リエ(ク)　クン　ワーヤーン(グ)ライ　カ

〔 คุณ ชื่อ อะไร คะ 〕〔女性〕

クン　チュー　アライ　カ

単語の解説

- □ นี่：これ
- □ นั่น：あれ
- □ คุณ：あなた
- □ ทำงาน：働く
- □ ภาษาไทย：タイ語
- □ ชื่อ：名前

6日目 ― 疑問詞のある文

基本構文

Aは誰ですか？

主語A + **คือ ใคร**
クー クライ

基本フレーズ

เขา คือ ใคร ครับ〔男性〕
カウ クー クライ クラッ(プ)

彼は誰ですか？

ポイント解説

「〜は誰？」とたずねるときは「〜 คือ ใคร」（クー クライ）などの表現を使います。

例文の「เขา」（カウ）は「彼」という意味です。

● **「〜は誰？」**〔普通の言い方〕

〔男女共通〕 〜 คือ ใคร
クー クライ

● **「〜は誰ですか？」**〔丁寧な言い方〕

〔男性〕 〜 คือ ใคร ครับ
クー クライ クラッ(プ)

〔女性〕 〜 คือ ใคร คะ
クー クライ カ

基本構文を使って言ってみよう　Track 37

1 彼女は誰ですか？

เธอ คือ ใคร คะ 〔女性〕
ター　クー　クライ　カ

2 あの女の子は誰ですか？

เด็กผู้หญิง คนโน้น คือ ใคร คะ 〔女性〕
デッ(ク)プジン(グ)　コンノーン　クー　クライ　カ

3 あちらの男性は誰ですか？

ผู้ชาย ท่านนั้น คือ ใคร ครับ 〔男性〕
プチャーイ　タンナン　クー　クライ　クラッ(プ)

4 彼女の恋人は誰ですか？

แฟน ของ เธอ คือ ใคร คะ 〔女性〕
フェーン　コン(グ)　ター　クー　クライ　カ

<参考>

1 誰が話しているの？　※70～71頁の「～している」参照。

ใคร กำลัง คุย อยู่ หรือ
クライ　ガムラン(グ)　クイ　ユー　ル

— ヤワラさん。 คุณ เยาวรัตน์
クン　ヤウワラッ(ト)

単語の解説

- □ เธอ：彼女
- □ เด็กผู้หญิง：女の子
- □ ผู้ชาย：男性
- □ ท่านนั้น：あちら
- □ แฟน：恋人
- □ กำลัง：～している
- □ คุย：話す
- □ คุณ ～：～さん

6日目 ― 疑問詞のある文

基本構文

Aはどこですか〔どこにありますか〕?

主語 A + อยู่ ที่ไหน
ユー ティナイ

基本フレーズ

ที่ขึ้นแท็กซี่ อยู่ ที่ไหน ครับ 〔男性〕
ティクンテッ(ク)シー ユー ティナイ クラッ(プ)

タクシー乗り場はどこですか?

ポイント解説

「～はどこ?」とたずねるときは「～ อยู่ ที่ไหน」(ユー ティナイ)などの表現を使います。

例文の「แท็กซี่」(テッ(ク) シー) は「タクシー」という意味です。

● **「～はどこ?」**〔普通の言い方〕

〔男女共通〕 ～ อยู่ ที่ไหน
ユー ティナイ

● **「～はどこですか?」**〔丁寧な言い方〕

〔男性〕 ～ อยู่ ที่ไหน ครับ
ユー ティナイ クラッ(プ)

〔女性〕 ～ อยู่ ที่ไหน คะ
ユー ティナイ カ

基本構文を使って言ってみよう　Track 38

1 トイレはどこですか？

ห้องน้ำ อยู่ ที่ไหน ครับ 〔男性〕

ホン(グ)ナー(ム)　ユー　ティナイ　クラッ(プ)

2 両替所はどこですか？

ที่แลกเงิน อยู่ ที่ไหน ครับ 〔男性〕

ティレー(ク)グン　ユー　ティナイ　クラッ(プ)

3 銀行はどこですか？

ธนาคาร อยู่ ที่ไหน ครับ 〔男性〕

タナーカーン　ユー　ティナイ　クラッ(プ)

4 病院はどこですか？

โรงพยาบาล อยู่ ที่ไหน คะ 〔女性〕

ロン(ク)パヤバーン　ユー　ティナイ　カ

5 ATM はどこですか？

ATM อยู่ ที่ไหน (หรือ) คะ 〔女性〕

エーティーエム ユー　ティナイ　(ル)　カ

6 電車の駅はどこですか？

สถานีรถไฟฟ้า อยู่ ที่ไหน (หรือ) คะ 〔女性〕

サターニーロッ(ト)ファイファー　ユー　ティナイ　(ル)　カ

単語の解説

- □ ห้องน้ำ：トイレ
- □ ที่แลกเงิน：両替所
- □ ธนาคาร：銀行
- □ โรงพยาบาล：病院
- □ สถานี：駅
- □ รถไฟฟ้า：電車

基本構文

Aはいつですか？／Aはいつ～しますか？

主語A + เมื่อไหร่ (หรือ)
ムアライ (ル)

主語A + จะ + 動詞 ～ เมื่อไหร่ (หรือ)
ヂャ ムアライ (ル)

基本フレーズ

วันเกิด คุณ เมื่อไหร่ (หรือ)
ワンガーッ(ト) クン ムアライ (ル)

あなたの誕生日はいつ？

ポイント解説

「～はいつ？」とたずねるときは「～ เมื่อไหร่ (หรือ)」（ムアライ (ル)）などの表現を使います。

例文の「วันเกิด」（ワンガーッ(ト)）は「誕生日」という意味です。

● **「～はいつ？」**〔普通の言い方〕

〔男女共通〕 ～ เมื่อไหร่ (หรือ)
ムアライ (ル)

● **「～はいつですか？」**〔丁寧な言い方〕

〔男性〕 ～ เมื่อไหร่ (หรือ) ครับ
ムアライ (ル) クラッ(プ)

〔女性〕 ～ เมื่อไหร่ (หรือ) คะ
ムアライ (ル) カ

基本構文を使って言ってみよう　Track 39

1 休みはいつですか？

หยุด เมื่อไหร่ (หรือ) ครับ 〔男性〕

ユッ(ト)　ムアライ　(ル)　クラッ(プ)

2 あなたはいつ彼女に会うのですか？

คุณ จะ พบ เธอ เมื่อไหร่ (หรือ) ครับ 〔男性〕

クン　ヂャ　ポッ(プ)　ター　ムアライ　(ル)　クラッ(プ)

3 彼女はいつタイに行きますか？

เธอ จะ ไป ไทย เมื่อไหร่ คะ 〔女性〕

ター　ヂャ　パイ　タイ　ムアライ　カ

4 いつ映画を観に行くの？

เมื่อไหร่ จะ ไป ดูหนัง (หรือ)

ムアライ　ヂャ　パイ　ドゥーナン(グ)　(ル)

<参考>　過去のことをたずねる

1 あなたはいつ彼女に会ったの？

คุณ พบ เธอ เมื่อไหร่ (หรือ)

クン　ポッ(プ)　ター　ムアライ　(ル)

2 いつタイに来ましたか？

มา เมือง ไทย เมื่อไหร่ (หรือ) คะ 〔女性〕

マー　ブアン(グ)　タイ　ムアライ　(ル)　カ

単語の解説

- □ หยุด：休み
- □ พบ：会う
- □ ไป：行く
- □ ไทย：タイ
- □ ไป：行く
- □ ดู：観る、見る
- □ หนัง：映画
- □ มา：来る

基本構文

どれ〔どちら〕が～ですか？

อันไหน ～
アンナイ

A はどれ〔どちら〕を～しますか？

主語 A ＋ 動詞 ～ อันไหน
アンナイ

基本フレーズ

อันไหน อร่อย คะ 〔女性〕
アンナイ　アロイ　カ

どれがおいしいですか？

ポイント解説

「どれが～？」「どちらが～？」とたずねるときは「**อันไหน ～**」（アンナイ）などの表現を使います。

例文の「**อร่อย**」（アロイ）は「おいしい」という意味です。

●「どれが～？」〔普通の言い方〕

〔男女共通〕 อันไหน　～
アンナイ

●「どれが～ですか？」〔丁寧な言い方〕

〔男性〕 อันไหน　～　ครับ
アンナイ　クラッ(プ)

〔女性〕 อันไหน　～　คะ
アンナイ　カ

基本構文を使って言ってみよう　Track 40

1 どれが安いですか？

อันไหน ถูก คะ 〔女性〕

アンナイ　トゥー(ク)　カ

2 どれが人気ですか？

อันไหน เป็นที่นิยม ครับ 〔男性〕

アンナイ　ペンティニヨム　クラッ(プ)

3 どれが私に似合いますか？

อันไหน ที่เหมาะกับ ดิฉัน คะ 〔女性〕

アンナイ　ティモガッ(プ)　ディチャン　カ

4 あなたはどれを買いたい？

คุณ อยาก ซื้อ อันไหน

クン　ヤー(ク)　スー　アンナイ

5 あなたはどちらが好き？

คุณ ชอบ อันไหน

クン　チョー(プ)　アンナイ

6 どれがおすすめですか？〔どれをおすすめしますか？〕

แนะนำ อันไหน ครับ 〔男性〕

ネナム　アンナイ　クラッ(プ)

単語の解説

- □ ถูก：安い
- □ เป็นที่นิยม：人気のある
- □ ดิฉัน：私〔女性〕
- □ คุณ：あなた
- □ อยาก ～：～したい
- □ ซื้อ：買う
- □ ชอบ：好きである、好む
- □ แนะนำ：おすすめする

6日目 6 「どう？ どのように？ どんな？」 Track 41

基本構文

Aはどうですか〔いかがですか〕？

主語A ＋ เป็นยังไงบ้าง
ペンヤン(グ)ガイバーン(グ)

基本フレーズ

งาน เป็นยังไงบ้าง ครับ 〔男性〕
ガーン ペンヤン(グ)ガイバーン(グ) クラッ(プ)

お仕事はどうですか？

ポイント解説

「～はどう？」とたずねるときは「～ เป็นยังไงบ้าง」（ペンヤン(グ)ガイバーン(グ)）などの表現を使います。

例文の งาน」（ガーン）は「仕事」という意味です。

●**「～はどう？」**〔普通の言い方〕

〔男女共通〕 ～ เป็นยังไงบ้าง
ペンヤン(グ) ガイバーン(グ)

●**「～はどうですか？」**〔丁寧な言い方〕

〔男性〕 ～ เป็นยังไงบ้าง ครับ
ペンヤン(グ) ガイバーン(グ) クラッ(プ)

〔女性〕 ～ เป็นยังไงบ้าง คะ
ペンヤン(グ) ガイバーン(グ) カ

基本構文を使って言ってみよう　Track 41

1 体調はいかがですか？

สุขภาพ เป็นยังไงบ้าง คะ〔女性〕

スッカパー(プ)　ペンヤン(グ)ガイバーン(グ)　カ

2 今日の天気はどうですか？

วันนี้ อากาศ เป็นยังไงบ้าง คะ〔女性〕

ワンニー　アガー(ト)　ペンヤン(グ)ガイバーン(グ)　カ

3 タイ語はどうですか？

ภาษาไทย เป็นยังไงบ้าง ครับ〔男性〕

パサータイ　ペンヤン(グ)ガイバーン(グ)　クラッ(プ)

＜参考＞

1 味はどう？

รสชาติ (เป็น) ยังไง

ロッ(ト)チャー(ト)　(ペン)　ヤン(グ)ガイ

— おいしい。　อร่อย

アロイ

普通。　ธรรมดา

タ(ム)マダー

単語の解説

- □ สุขภาพ：体調
- □ วันนี้：今日
- □ อากาศ：天気
- □ ภาษาไทย：タイ語
- □ รสชาติ：味
- □ ธรรมดา：普通の

基本構文

どうして（Aは）～するの？

ทำไม ＋（主語A）＋ ถึง ＋ 動詞 ～ หรือ
タムマイ　トゥン(グ)　ル

基本フレーズ

ทำไม ถึง ไป ที่นั่น หรือ

タムマイ トゥン(グ) パイ ティナン ル

どうしてそこへ行くの？

ポイント解説

「どうして～？」「なぜ～？」と理由・原因などをたずねるときは「ทำไม ～」（タムマイ）などの表現を使います。
「เพราะอะไร ～」（プロアライ）という表現もあります。
例文の「ไป」（パイ）は「行く」、「ที่นั่น」（ティナン）は「そこ」という意味です。

●「どうして～？」〔普通の言い方〕

〔男女共通〕 ทำไม ～
タムマイ

●「どうして～ですか？」〔丁寧な言い方〕

〔男性〕 ทำไม ～ ครับ
タムマイ　クラッ(プ)

〔女性〕 ทำไม ～ คะ
タムマイ　カ

基本構文を使って言ってみよう　Track 42

1 どうして彼に会いたいの？

ทำไม ถึง อยาก พบ เขา หรือ

タムマイ トゥン(グ) ヤー(ク) ポッ(プ) カウ ル

2 どうしてA社で働きたいの？

ทำไม ถึง อยาก ทำงาน ที่ บริษัท A หรือ

タムマイ トゥン(グ) ヤー(ク) タムガーン ティ ボリサッ(ト) エー ル

3 どうしてあなたは仕事を辞めたいの？

ทำไม คุณ ถึง อยาก ออกจาก งาน หรือ

タムマイ クン トゥン(グ) ヤー(ク) オーッ(ク)チャーッ(ク) ガーン ル

4 なぜそう思うの？

เพราะอะไร (ถึง) คิด ยังงั้น

プロアライ (トゥン(グ))キッ(ト) ヤン(グ)ガン

5 どうして仕事を休んでいるの？

เพราะอะไร (ถึง) หยุด งาน (หรือ)

プロアライ (トゥン(グ)) ユッ(ト) ガーン (ル)

— 具合が悪いから。

เพราะว่า ไม่ค่อย สบาย

プロワー マイコイ サバーイ

単語の解説

□ อยาก：～したい

□ พบ：会う

□ ทำงาน：働く

□ บริษัท：会社

□ ออกจาก งาน：退職する

□ งาน：仕事

□ คิด：思う

□ หยุด：休む

7日目

会話　実践編

7日目 1 出会いのあいさつ

Track 43

①こんにちは。

②久しぶり。

③お元気ですか？

④元気です。

⑤ご家族はお元気ですか？

⑥みんな元気です。

＜近況を聞く＞

⑦近頃いかがですか。

⑧相変わらずです。

⑨まあまあです。

สวัสดี ครับ〔男性〕/ สวัสดี ค่ะ〔女性〕
サワッディー クラッ(プ) サワッディー カ

ไม่ ได้ เจอ กัน นาน นะ
マイ ダイ ヂャー ガン ナーン ナ

สบายดี ไหม คะ〔女性〕
サバーイディー マイ カ

สบายดี ครับ〔男性〕/ สบายดี ค่ะ〔女性〕
サバーイディー クラッ(プ) サバーイディー カ

ครอบครัว คุณ สบายดี ไหม คะ〔女性〕
クロープクルア クン サバーイディー マイ カ

ทุกคน สบายดี ค่ะ〔女性〕
トゥッ(ク)コン サバーイディー カ

เป็นไง บ้าง ช่วงนี้
ペンガイ バーン(グ) チュアン(グ)ニー

ไม่ มี อะไร เปลี่ยนแปลง
マイ ミー アライ プリアンプレーン(グ)

ก็ เรื่อย ๆ
ゴ ルァイ ルァイ

7日目 2 別れのあいさつ

Track 44

①さようなら。

②また会いましょう。

③また明日。

④じゃあね。

⑤じゃ、行くね。

⑥お世話になりました。

<見送る>

⑦よい旅を。

⑧体に気をつけてね。

สวัสดี / บ๊ายบาย / ลาก่อน
サワッディー　バイバイ　ラーゴン

แล้ว เจอ กัน
レーウ　ヂャー　ガン

เจอ กัน พรุ่งนี้ นะ
ヂャー　ガン　プルン(グ)ニー　ナ

บ๊าย บาย
バイ　バイ

ไป ละ นะ
パイ　ラ　ナ

ขอบคุณ ที่ ช่วย ดูแล นะคะ
コープクン　ティー チュアイ ドゥーレー　ナカ

เดิน ทาง โดย สวัสดิภาพ นะ
ドゥーン　ターン(グ)　ドーイ　サワッディパー(プ)　ナ

รักษา สุขภาพ ด้วย นะ
ラッ(ク)サー　スッカパー(プ)　ドゥアイ　ナ

7日目 3 お礼、お祝い

Track 45

＜お礼＞

①ありがとう。

②ありがとう。〔友達に〕

③ありがとうございます。

④どういたしまして。

＜お祝い＞

⑤新年おめでとう。

⑥お誕生日おめでとう。

⑦おめでとう。

ขอบคุณ
コー(プ)クン

ขอบใจ
コー(プ)ヂャイ

ขอบคุณ ครับ〔男性〕/ ขอบคุณ ค่ะ〔女性〕
コー(プ)クン　クラッ(プ)　コー(プ)クン　カ

ไม่เป็นไร ครับ〔男性〕/ ไม่เป็นไร ค่ะ〔女性〕
マイペンライ　クラッ(プ)　マイペンライ　カ

สวัสดีปีใหม่
サワッディー ピーマイ

สุขสันต์ วันเกิด
スックサン　ワンガーッ(ト)

ยินดี ด้วย นะ
ジンディー ドゥアイ　ナ

①ごめんね。

②ごめんなさい。〔丁寧〕

③どうもすみません。

④ごめんなさい。遅れてしまいました。

⑤いいんですよ。

⑥大丈夫です。

โทษ นะ
トー(ト)　ナ

ขออภัย ค่ะ〔女性〕
コーアパイ　カ

ขอโทษ ค่ะ〔女性〕
コートー(ト)　カ

ขอโทษ ที่ มา สาย ค่ะ〔女性〕
コートー(ト)　ティー マー　サーイ　カ

โอเค ค่ะ〔女性〕
オーケー　カ

ไม่เป็นไร ค่ะ〔女性〕
マイペンライ　カ

7日目 5 返事

Track 47

①そうです。（はい。）

②そうではありません。（いいえ。）

③了解です。

④だめです。

⑤もちろん。

⑥結構です。大丈夫です。

⑦そうです。

⑧そうではありません。

ครับ〔男性〕/ ค่ะ〔女性〕
クラッ(プ)　カ

ไม่ ครับ〔男性〕/ ไม่ ค่ะ〔女性〕
マイ　クラッ(プ)　マイ　カ

เข้าใจ ครับ〔男性〕/ ข้าใจ ค่ะ〔女性〕
カウチャイ　クラッ(プ)　カウチャイ　カ

ไม่ได้ ครับ〔男性〕/ ไม่ได้ ค่ะ〔女性〕
マイダイ　クラッ(プ)　マイダイ　カ

แน่ นอน
ネー　ノーン

ไม่เป็นไร
マイペンライ

ใช่
チャイ

ไม่ ใช่
マイ　チャイ

7日目 6 肯定、否定

Track 48

①あります。

②ありません。

③わかりました。

④わかりません。

⑤知っています。

⑥知りません。

⑦できます。〔状況的〕

⑧できません。〔状況的〕

⑨賛成です。

⑩賛成しません。(反対です。)

⑪好きです。

⑫好きではありません。

มี
ミー

ไม่ มี
マイ ミー

เข้าใจ แล้ว
カウヂャイ レーウ

ไม่ เข้าใจ
マイ カウヂャイ

ทราบ
サー(プ)

ไม่ ทราบ
マイ サー(プ)

ได้
ダイ

ไม่ ได้
マイ ダイ

เห็น ด้วย
ヘン ドゥアイ

ไม่ เห็น ด้วย
マイ ヘン ドゥアイ

ชอบ
チョー(プ)

ไม่ ชอบ
マイ チョー(プ)

7日目 7 たずねる

Track 49

①ありますか？

②わかりますか？

③知っていますか？

④できますか？〔状況的〕

⑤日本語がわかる人はいますか？

⑥近くにバス停はありますか？

⑦クリーニングサービスはありますか？

มี ไหม
ミー　マイ

เข้าใจ ไหม
カオチャイ　マイ

ทราบ ไหม
サー(プ)　マイ

ได้ ไหม คะ〔女性〕
ダイ　マイ　カ

มีคน ที่ รู้ ภาษาญี่ปุ่น ไหม คะ〔女性〕
ミーコン ティー ルー　パサージープン　マイ　カ

มี ป้ายรถเมล์ แถวนี้ ไหม คะ〔女性〕
ミー　パーイロッ(ト)メー　テォニー　マイ　カ

มี ร้าน ซักแห้ง ไหม คะ〔女性〕
ミー　ラーン　サッ(ク)ヘーン(グ)　マイ　カ

7日目 8 初対面のとき Track 50

①友達を紹介します。

②こちらは私の友人です。

③はじめまして。

④私の名前はマナットです。

⑤私の名前はユキです。

⑥日本から来ました。

⑦日本の会社で働いています。

⑧あなたと知り合えて、大変うれしいです。

จะ แนะนำ เพื่อน ให้ รู้จัก ค่ะ〔女性〕
チャ　ネナム　プアン　ハイ ルーチャッ(ク)　カ

นี่ เพื่อน ดิฉัน ค่ะ〔女性〕
ニー　プアン　ディチャン　カ

ยินดีที่ได้รู้จัก
インディーティーダイルーチャッ(ク)

ผม ชื่อ มนัท ครับ〔男性〕
ポ(ム)　シュー　マナッ(ト)　クラッ(プ)

ดิฉัน ชื่อ ยูกิ ค่ะ〔女性〕
ディチャン チュー　ユキ　カ

มา จาก ญี่ปุ่น ค่ะ〔女性〕
マー　チャーッ(ク)　ジープン　カ

ทำงาน ที่ บริษัท ญี่ปุ่น ครับ〔男性〕
タムガーン　ティー ボリサッ(ト)　ジープン　クラッ(プ)

ดีใจ มาก ที่ ได้ รู้จัก คุณ ค่ะ〔女性〕
ディーチャイ　マー(ク)　ティー ダイ ルーチャッ(ク)　クン　カ

7日目 9 相手にたずねる(1)

Track 51

①どちらの出身ですか？

②趣味は何ですか？

③お仕事は何ですか？

④お誕生日はいつですか？

⑤何才ですか？

⑥日本語は話せますか？〔能力的〕

⑦少し話せます。

เกิด ที่ไหน คะ〔女性〕
ガーッ(ト)　ティナイ　カ

มี งาน อดิเรก อะไร คะ〔女性〕
ミー　ガーン　アディレー(ク)　アライ　カ

ทำงาน อะไร ครับ〔男性〕
タムガーン　アライ　クラッ(プ)

เกิด วันที่ เท่าไหร่ คะ〔女性〕
ガーッ(ト) ワンティー　タオライ　カ

อายุ เท่าไหร่ คะ〔女性〕
アーユ　タオライ　カ

พูด ภาษาญี่ปุ่น ได้ ไหม คะ〔女性〕
プーッ(ト)　パサージープン　ダイ　マイ　カ

พูด ได้ นิดหน่อย ค่ะ〔女性〕
プーッ(ト) ダイ　ニッ(ト)ノイ　カ

7日目 10 相手にたずねる(2)　Track 52

＜仕事の話題＞

①お仕事はしていますか？

②はい、しています。

③お仕事は忙しいですか？

④仕事がとても忙しいです。

⑤あまり忙しくないです。

＜家族の話題＞

⑥結婚していますか？

⑦はい、結婚しています。

⑧まだ結婚していません。

⑨お子さんは何人ですか？

⑩子供は３人です。

ทำงาน อยู่ รึป่าว ครับ〔男性〕
タムガーン　ユー　ルパーオ　クラッ(プ)

ทำ อยู่ ครับ〔男性〕
タム　ユー　クラッ(プ)

งาน ยุ่ง ไหม ครับ〔男性〕
ガーン　ユン(グ)　マイ　クラッ(プ)

งาน ยุ่ง มาก ค่ะ〔女性〕
ガーン　ユン(グ)　マー(ク)　カ

ไม่ค่อย ยุ่ง ครับ〔男性〕
マイコイ　ユン(グ)　クラッ(プ)

แต่งงาน รึ ยัง คะ〔女性〕
テン(グ)ガーン　ル ヤン(グ)　カ

แต่ง แล้ว ค่ะ〔女性〕
テン(グ)　レーウ　カ

ยัง ค่ะ〔女性〕
ヤン(グ)　カ

มี ลูก กี่ คน คะ〔女性〕
ミー ルー(ク) ギー　コン　カ

มี ๓ คน ค่ะ〔女性〕
ミー サー(ム) コン　カ

7日目 11 気持ち、感想を言う

Track 53

①うれしいです。

②悲しいです。

③満足です。

④楽しいです。

⑤恥ずかしい。

⑥本当に助かりました。

⑦私は映画がとても好きです。

⑧愛している。

⑨とてもきれいです。

⑩とても良いです。

⑪とても上手です。

ดีใจ ค่ะ〔女性〕
ディーヂャイ　カ

เสียใจ ค่ะ〔女性〕
スィアヂャイ　カ

พอใจ ค่ะ〔女性〕
ポーヂャイ　カ

สนุก ค่ะ〔女性〕
サヌッ(ク)　カ

อาย
アーイ

ขอบคุณ มาก ที่ ช่วย นะคะ
コー(プ)クン　マー(ク)　ティー チュアイ　ナカ

ชอบ ดู หนัง มากๆ
チョー(プ) ドゥー　ナン(グ)　マー(ク)マー(ク)

รัก
ラッ(ク)

สวย มาก ค่ะ〔女性〕
スエイ　マー(ク)　カ

ดี มาก ค่ะ〔女性〕
ディー　マー(ク)　カ

เก่ง มาก ค่ะ〔女性〕
ゲン(グ)　マー(ク)　カ

7日目 ― 会話　実践編

7日目 12 誘う

Track 54

①ご飯を食べに行こう。

②一緒にご飯を食べに行きませんか。

③ショッピングに行きましょう。

④一緒に行こう。

⑤うちへ遊びに来ませんか。

⑥映画を観に行きませんか。

⑦チケットを２枚持っています。

<待ち合わせ>

⑧どこで待ち合わせしましょうか。

⑨何時に待ち合わせしましょうか。

ไป ทาน ข้าว กัน เถอะ
パイ ターン カーウ ガン トゥ

ไป ทาน ข้าว ด้วย กัน ไหม
パイ ターン カーウ ドゥアイ ガン マイ

ไป ช้อบปิ้ง กัน
パイ チョッピン(グ) ガン

ไป ด้วย กัน นะ
パイ ドゥアイ ガン ナ

มา เที่ยว บ้าน ดิฉัน ไหม〔女性〕
マー ティアウ バーン ディチャン マイ

ไป ดู หนัง กัน มั๊ย
パイ ドゥー ナン(グ) ガン マイ

มี ตั๋ว อยู่ สอง ใบ
ミー トゥア ユー ソーン(グ) バイ

นัด เจอ กัน ที่ไหน ดี
ナッ(ト) ヂャー ガン ティナイ ディー

นัด เจอ กัน กี่โมง ดี
ナッ(ト) ヂャー ガン キモーン(グ) ディー

7日目 会話 実践編

①もう一度、言ってもらえますか。

②ゆっくり話してもらえますか。

③電話番号を教えてください。

④住所を書いてください。

⑤ここに書いてもらえますか。

⑥駅まで案内していただけますか。

⑦タクシーを呼んでください。

⑧通訳を呼んでください。

⑨病院へ連れて行っていただけますか。

ช่วย พูด อีกครั้ง ได้ ไหม คะ〔女性〕
チュアイ プーッ(ト) イー(ク)クラン(グ) ダイ マイ カ

พูด ช้าๆ หน่อย ได้ ไหม คะ〔女性〕
プーッ(ト) チャーチャー ノイ ダイ マイ カ

ขอ เบอร์ หน่อย ค่ะ〔女性〕
コー バー ノイ カ

ช่วย เขียน ที่อยู่ ให้ หน่อย ค่ะ〔女性〕
チュアイ キアン ティーユー ハイ ノイ カ

ช่วย เขียน ให้ หน่อย ได้ ไหม คะ〔女性〕
チュアイ キアン ハイ ノイ ダイ マイ カ

ช่วย พา ไป สถานี หน่อย ได้ ไหม คะ〔女性〕
チュアイ パー パイ サターニー ノイ ダイ マイ カ

ช่วย เรียก แท็กซี่ ให้ หน่อย ค่ะ〔女性〕
チュアイ リエッ(ク) テッ(ク)シー ハイ ノイ カ

ช่วย เรียก ล่าม ให้ หน่อย ค่ะ〔女性〕
チュアイ リアッ(ク) ラー(ム) ハイ ノイ カ

พา ไป โรงพยาบาล หน่อย ได้ ไหม คะ〔女性〕
パー パイ ローン(グ)パヤバーン ノイ ダイ マイ カ

7日目——会話 実践編

①電話をかけたいです。

②電話はどうかけるのですか？

③もしもし。

④田中です。

⑤マーナットさんとお話したいです。

⑥ちょっとお待ちください。

⑦呼んできます。

⑧話し中です。

⑨また、かけ直します。

⑩間違ってかかっています。

⑪日本へ電話をかけたいです。

อยาก โทรศัพท์ ค่ะ〔女性〕
ヤー(ク) トーラサッ(プ) カ

โทร ยังไง คะ〔女性〕
トー ヤン(グ)ガイ カ

ฮัลโหล / สวัสดี
ハンロー サワッディー

ทะนะกะ พูด ค่ะ〔女性〕
タナカ プーッ(ト) カ

ขอ สาย มานัส หน่อย ค่ะ〔女性〕
コー サーイ マーナッ(ト) ノイ カ

รอ สัก ครู่ นะคะ
ロー サッ(ク) クルー ナカ

จะ ไป เรียก ให้ นะคะ
ヂャ パイ リアッ(ク) ハイ ナカ

ติด สาย อยู่ ค่ะ〔女性〕
ティッ(ト) サーイ ユー カ

ไว้ จะ โทร ไป ใหม่ นะคะ
ワイ ヂャ トー パイ マイ ナカ

ขอโทษ โทร ผิด ค่ะ〔女性〕
コートーッ(ト) トー ピッ(ト) カ

อยาก โทรศัพท์ ไป ญี่ปุ่น ค่ะ〔女性〕
ヤー(ク) トーラサッ(プ) パイ ジープン カ

7日目 会話 実践編

①いらっしゃい。

②ようこそ。

③どうぞ、お入りください。

④おかけください。

⑤お茶をどうぞ。

⑥お菓子をどうぞ。

⑦どうぞ、お召し上がりください。

⑧ごゆっくりどうぞ。

⑨ごちそうさまでした。

⑩どうぞ、またいらしてください。

เชิญ ครับ〔男性〕
チューン　クラッ(プ)

ยินดีต้อนรับ
インディートーンラッ(プ)

เชิญ ข้างใน ครับ〔男性〕
チューン　カーン(グ)ナイ　クラッ(プ)

เชิญ นั่ง ครับ〔男性〕
チューン　ナン(グ)　クラッ(プ)

ชา ค่ะ〔女性〕
チャー　カ

ขนม ค่ะ〔女性〕
カノム　カ

เชิญ รับประทาน ค่ะ〔女性〕
チューン　ラップラターン　カ

ตาม สบาย นะ
ダー(ム)　サバーイ　ナ

ขอบคุณ ค่ะ〔女性〕
コー(プ)クン　カ

แล้ว มา อีก นะคะ
レーウ　マー　イー(ク)　ナカ

7日目——会話　実践編

7日目 16 街で(1)　Track 58

<場所をたずねる>

①銀行はどこですか？

②郵便局はどこですか？

③ここから近いですか？

④タイ式マッサージはどこにありますか？

⑤道に迷いました。

⑥道を教えてください。

⑦ここは何という通りですか？

⑧エメラルド寺院に行きたいです。

⑨ここからどうやって行きますか？

ธนาคาร อยู่ ที่ไหน คะ〔女性〕
タナーカーン　ユー　ティナイ　カ

ไปรษณีย์ อยู่ ที่ไหน คะ〔女性〕
プライサニー　ユー　ティナイ　カ

ใกล้ ที่นี่ ไหม คะ〔女性〕
グライ　ティニー　マイ　カ

ที่ นวดแผนโบราณ มี ที่ไหน คะ〔女性〕
ティー　ヌアッ(ト)ペーンボーラーン　ミー　ティナイ　カ

หลง ทาง
ロン(グ)　ターン(グ)

ช่วย บอก ทาง หน่อย ค่ะ〔女性〕
チュアイ　ボー(ク)　ターン(グ)　ノイ　カ

นี่ ถนน อะไร
ニー　タノン　アライ

อยาก ไป วัดพระแก้ว ค่ะ〔女性〕
ヤー(ク)　パイ　ワッ(ト)プラゲーオ　カ

จาก ที่นี่ ไป ยังไง คะ〔女性〕
ヂャー(ク)　ティニー　パイ　ヤン(グ)ガイ　カ

<たずねる>

①この近くに本屋はありますか？

②この近くにおすすめのレストランはありますか？

③映画を観に行きたいです。

④写真を撮ってもいいですか？

⑤写真を撮ってもらえますか？

<両替所へ>

⑥両替所はどこですか？

⑦両替したいです。

⑧（日本の）円を米ドルに換えてください。

มี ร้าน หนังสือ แถวนี้ ไหม คะ〔女性〕
ミー　ラーン　ナン(グ)スー　テォニー　マイ　カ

แถวนี้ มี ร้าน อาหาร อะ ไรแนะนำ ไหม
テォニー　ミー　ラーン　アハーン　アライ　ネナム　マイ

อยาก ไป ดู หนัง ค่ะ〔女性〕
ヤー(ク)　パイ ドゥー　ナン(グ)　カ

ถ่าย รูป ได้ ไหม คะ〔女性〕
ターイ　ルー(プ)　ダイ　マイ　カ

ถ่าย รูป ให้ หน่อย ได้ ไหม คะ〔女性〕
ターイ　ルー(プ)　ハイ　ノイ　ダイ　マイ　カ

แลก เงิน ได้ ที่ไหน คะ〔女性〕
レー(ク)　グン　ダイ　ティナイ　カ

อยาก แลก เงิน ค่ะ〔女性〕
ヤー(ク)　レー(ク)　グン　カ

อยาก แลก เงินเยน เป็น ดอลล่าร์ ค่ะ〔女性〕
ヤー(ク)　レー(ク)　グンジェーン　ペン　ドンラー　カ

7日目 — 会話 実践編

7日目 18 乗り物を利用する

Track 60

①駅はどこですか？

②チケット売り場はどこですか？

③どこまで行きますか？

④チェンマイに行きたいです。

⑤往復でいくらですか？

⑥どこで乗り換えればいいですか？

⑦この席はあいていますか？

⑧ここに座ってもいいですか？

⑨右へ曲がってください。

⑩左へ曲がってください。

⑪ここで停めてください。

⑫料金がメーターと違います。

สถานี อยู่ ที่ไหน คะ〔女性〕
サターニー　ユー　ティナイ　カ

ที่ ขาย ตั๋ว อยู่ ที่ไหน คะ〔女性〕
ティー　カーイ　トゥア　ユー　ティナイ　カ

ไป ถึง ไหน คะ〔女性〕
パイ トゥン(グ) ナイ　カ

อยาก ไป เชียงใหม่ ค่ะ〔女性〕
ヤー(ク)　パイ　チェーン(グ)マイ　カ

ไป กลับ เท่าไหร่ คะ〔女性〕
パイ　グラッ(プ)　タォライ　カ

ต้อง เปลี่ยน รถ ที่ไหน คะ〔女性〕
トン(グ)　プリアン　ロッ(ト)　ティナイ　カ

ที่นั่ง นี้ ว่าง ไหม คะ〔女性〕
ティーナン(グ) ニー ワーン(グ)　マイ　カ

นั่ง ที่นี่ ได้ ไหม คะ〔女性〕
ナン(グ) ティニー　ダイ　マイ　カ

เลี้ยว ขวา ค่ะ〔女性〕
リアオ　クワー　カ

เลี้ยว ซ้าย ค่ะ〔女性〕
リアオ　サーイ　カ

จอด ตรงนี้ ค่ะ〔女性〕
ヂョー(ト) トロン(グ)ニー　カ

ราคา ไม่ ตรง กับ มิเตอร์
ラーカー　マイ　トロン(グ)　ガッ(プ)　ミトゥー

7日目 19 ホテルで

Track 61

①部屋を予約しています。

②部屋を予約していません。

③部屋を予約したいです。

④空室はありますか？

⑤一泊いくらですか？

⑥朝食は付いていますか？

⑦チェックアウトは何時ですか？

⑧何時から食事ですか？

⑨夕食は６時に始めます。

⑩カギを部屋に忘れました。

⑪伝言をお願いできますか？

⑫チェックアウトをお願いします。

จอง ห้อง ไว้ แล้ว ค่ะ〔女性〕
チョーン(グ) ホン(グ) ワイ レーウ カ

ไม่ ได้ จอง ห้อง ไว้ ค่ะ〔女性〕
マイ ダイ チョーン(グ) ホン(グ) ワイ カ

อยาก จะ ขอ จอง ห้อง ค่ะ〔女性〕
ヤー(ク) チャ コー チョーン(グ) ホン(グ) カ

มี ห้อง ว่าง ไหม คะ〔女性〕
ミー ホン(グ) ワーン(グ) マイ カ

คืน ละ เท่าไหร่ คะ〔女性〕
クーン ラ タオライ カ

รวม อาหารเช้า ไหม คะ〔女性〕
ルーアム アハーンチャーオ マイ カ

เช็คเอ้าท์ กี่โมง คะ〔女性〕
チェッ(ク)アウ ギモーン(グ) カ

ทาน ข้าว กี่โมง
ターン カーウ ギモーン(グ)

อาหารเย็น เริ่ม หก โมง
アハーンイェン ラー(ム) ホッ(ク) モーン(グ)

ลืม กุญแจ ไว้ ใน ห้อง
ルー(ム) グンチェー ワイ ナイ ホン(グ)

ฝาก ข้อความ ได้ ไหม คะ〔女性〕
ファー(ク) コークワー(ム) ダイ マイ カ

เช็คเอ๊าท์ ค่ะ〔女性〕
チェッ(ク)アウ カ

7日目 会話 実践編

①メニューを見せてください。

②トムヤンクンをください。

③おすすめ料理は何ですか？

④これはどんな料理ですか？

⑤取り皿をください。

⑥はしをください。

⑦辛いものは食べられません。

⑧辛くしないでください。

<味>

⑨おいしい。

⑩甘い。／辛い。／しょっぱい。／すっぱい。

ขอ เมนู หน่อย ค่ะ〔女性〕
コー　メヌー　ノイ　カ

ขอ ต้มยำกุ้ง ค่ะ〔女性〕
コー　ト(ム)ヤ(ム)グン(グ)　カ

อาหาร อะไรแนะนำ คะ〔女性〕
アハーン　アライ　ネナム　カ

นี่ เป็น อาหาร ยังไง คะ〔女性〕
ニー　ペン　アハーン　ヤン(グ)ガイ　カ

ขอ จาน แบ่ง หน่อย ค่ะ〔女性〕
コー　チャーン　ベン(グ)　ノイ　カ

ขอ ตะเกียบ หน่อย ค่ะ〔女性〕
コー　タギェッ(プ)　ノイ　カ

ทาน เผ็ด ไม่ ได้
ターン　ペッ(ト)　マイ　ダイ

ขอ แบบ ไม่ เผ็ด ค่ะ〔女性〕
コー　ベー(プ)　マイ　ペッ(ト)　カ

อร่อย
アロイ

หวาน / เผ็ด / เค็ม / เปรี้ยว
ワーン　ペッ(ト)　ケ(ム)　プリアウ

①何をお飲みになりますか？

②シンハビールをお願いします。

③１杯どうぞ。

④もう１本、ビールをください。

⑤おつまみを注文したいです。

⑥これは注文していません。

⑦お酒に弱いです。

⑧私はお酒が飲めません。

⑨お勘定をお願いします。

⑩トイレはどこですか？

จะ ดื่ม อะไร ดี คะ〔女性〕
ヂャ ドゥー(ム)　アライ　ディー　カ

ขอ เบียร์สิงห์ ค่ะ〔女性〕
コー　ビアースィン(グ)　カ

อีก แก้ว นะ ครับ〔男性〕
イー(ク)　ゲーオ　ナ　クラッ(プ)

ขอ เบียร์ เพิ่ม ขวด นึง ค่ะ〔女性〕
コー　ビアー　パー(ム)　クアッ(ト)　ヌン(グ)　カ

ขอ สั่ง กับแกล้ม หน่อย
コー　サン(グ)　ガッ(プ)グレー(ム)　ノイ

อันนี้ ไม่ ได้ สั่ง ค่ะ〔女性〕
アンニー　マイ　ダイ　サン(グ)　カ

คอ อ่อน
コー　オーン

ดื่ม เหล้า ไม่ ได้
ドゥー(ム)　ラウ　マイ　ダイ

เช็คบิล ด้วย ค่ะ〔女性〕
チェッ(ク)ビン　ドゥアイ　カ

ห้องน้ำ อยู่ ที่ไหน คะ〔女性〕
ホン(グ)ナー(ム)　ユー　ティナイ　カ

7日目―会話　実践編

①おみやげを買いたいです。

②これを見せてください。

③これにします。

④これをください。

⑤何をお探しでしょうか？

⑥タイのシルクはありますか？

⑦民族衣装はどこで買えますか？

⑧試着してもいいですか？

⑨他の色はありますか？

⑩手工芸品はどこで売っていますか？

⑪木彫りがほしいです。

อยาก ซื้อ ของฝาก ค่ะ〔女性〕
ヤー(ク) スー コーン(グ)ファー(ク) カ

ขอ ดู อันนี้ หน่อย ค่ะ〔女性〕
コー ドゥー アンニー ノイ カ

เอา อันนี้ ค่ะ〔女性〕
アウ アンニー カ

เอา อันนี้ ค่ะ〔女性〕
アウ アンニー カ

หา ซื้อ อะไร อยู่ คะ〔女性〕
ハー スー アライ ユー カ

มี ผ้าไหมไทย ไหม คะ〔女性〕
ミー パーマイタイ マイ カ

ซื้อ ชุดไทย ได้ ที่ไหน คะ〔女性〕
スー チュッ(ト)タイ ダイ ティナイ カ

ลอง ได้ ไหม คะ〔女性〕
ローン(グ) ダイ マイ カ

มี สี อื่น ไหม คะ〔女性〕
ミー シー ウーン マイ カ

เครื่องหัตถกรรม ขาย ที่ไหน คะ〔女性〕
クルーアン(グ)ハッタガ(ム) カーイ ティナイ カ

อยาก ได้ ไม้แกะสลัก อ่ะ ค่ะ〔女性〕
ヤー(ク) ダイ マイゲサラッ(ク) ア カ

7日目 — 会話 実践編

7日目 23 ショッピング(2)

Track 65

①いくらですか？

② 500 バーツです。

③一ついくらですか？

④全部でいくらですか？

⑤安くしてください。

⑥どこで会計をしますか？

⑦クレジットカードは使えますか？

⑧クレジットカードは使えません。

⑨現金で払います。

ราคา เท่าไหร่ คะ〔女性〕
ラーカー　タォライ　カ

ห้าร้อย บาท ค่ะ〔女性〕
ハーロイ　バー(ト)　カ

อัน ละ เท่าไหร่ คะ〔女性〕
アン　ラ　タォライ　カ

ทั้งหมด เท่าไหร่ คะ〔女性〕
タン(グ)モッ(ト)　タォライ　カ

ลด หน่อย นะคะ
ロッ(ト)　ノイ　ナカ

จ่าย เงิน ที่ไหน
ヂャイ　グン　ティナイ

ใช้ บัตรเครดิต ได้ ไหม คะ〔女性〕
チャイ　バッ(ト)クレディッ(ト)　ダイ　マイ　カ

ใช้ บัตรเครดิต ไม่ ได้
チャイ　バッ(ト)クレディッ(ト)　マイ　ダイ

จ่าย เงินสด
ヂャーイ　グンソッ(ト)

7日目——会話　実践編

7日目 24 体調が良くないとき Track 66

①熱があります。

②頭痛がします。

③お腹が痛いです。

④歯が痛いです。

⑤アレルギーです。

⑥風邪をひいています。

⑦気分が悪いです。

⑧吐き気がします。

⑨下痢をしています。

⑩体調はいかがですか。

⑪少し良くなりました。

⑫お大事に。

มี ไข้
ミー カイ

ปวด หัว
プアッ(ト) フアー

ปวด ท้อง
プアッ(ト) トーン(グ)

ปวด ฟัน
プアッ(ト) ファン

มี อาการ แพ้
ミー アーガーン ペー

เป็น หวัด
ペン ワッ(ト)

รู้สึก ไม่ สบาย
ルースッ(ク) マイ サバーイ

คลื่นไส้
クルーンサイ

ท้อง เสีย
トーン(グ) スィア

อาการ เป็น ยังไง บ้าง
アーガーン ペン ヤン(グ)ガイ バーン(グ)

ดี ขึ้น แล้ว
ディー クン レーウ

หาย ไว ๆ นะ
ハーイ ワイ ワイ ナ

①パスポートをなくしました。

②カバンをひったくられました。

③財布を盗まれました。

④このあたりは夜、危ないですか？

⑤助けて！

⑥泥棒！

⑦警察を呼んでください。

⑧救急車を呼んでください。

พาสปอร์ต หาย
パー(ト)サポー(ト)　ハーイ

โดน วิ่งราว กระเป๋า
ドーン　ウィン(グ)ラーオ　グラパウ

โดน ขโมย กระเป๋าตังค์
ドーン　カモーイ　グラパウタン(グ)

แถวนี้ ตอนกลางคืน อันตราย ไหม
テォニー　トーングラーン(グ)クーン　アンタラーイ　マイ

ช่วย ด้วย
チュアイ　ドゥアイ

ขโมย
カモーイ

ช่วย เรียก ตำรวจ ให้ หน่อย ค่ะ〔女性〕
チュアイ　リアッ(ク)　タ(ム)ルアッ(ト)　ハイ　ノイ　カ

ช่วย เรียก รถพยาบาล ให้ หน่อย ค่ะ〔女性〕
チュアイ　リアッ(ク)　ロッ(ト)パヤーバーン　ハイ　ノイ　カ

7日目 26 いろいろな話題

Track 68

＜天候の話題＞

①今日はいい天気ですね。

②今日はとても暑いですね。

③蒸し暑いね。

④雨が降り出しました。

⑤雨がやみました。

＜日本の話題＞

⑥日本に行ったことがありますか？

⑦いつ日本に行きますか？

⑧日本料理は好きですか？

⑨刺身は食べられますか？

วันนี้ อากาศ ดี จัง นะ
ワンニー アガー(ト) ディー ヂャン(グ) ナ

วันนี้ ร้อน มาก
ワンニー ローン マー(ク)

อากาศ ร้อน อบอ้าว จัง
アガー(ト) ローン オッ(プ)アーオ ヂャン(グ)

ฝน ตก แล้ว
フォン トッ(ク) レーウ

ฝน หยุด แล้ว
フォン ユッ(ト) レーウ

เคย ไป ญี่ปุ่น ไหม คะ〔女性〕
クーイ パイ ジープン マイ カ

จะ ไป ญี่ปุ่น เมื่อไหร่ คะ〔女性〕
ヂャ パイ ジープン ムアライ カ

ชอบ อาหาร ญี่ปุ่น ไหม
チョー(プ) アハーン ジープン マイ

ทาน ปลาดิบ ได้ ไหม
ターン プラーディッ(プ) ダイ マイ

＜付録＞

基本単語

1 自己紹介

名前	ชื่อ	チュー
年齢	อายุ	アーユ
住所	ที่อยู่	ティーユー
国籍	สัญชาติ	サンチャー(ト)
身長	ส่วนสูง	スオンスーン(グ)
体重	น้ำหนัก	ナ(ム)ナッ(ク)
誕生日	วันเกิด	ワンクー(ト)
電話番号	หมายเลขโทรศัพท์	マーイレー(ク) トーラサッ(プ)
銀行口座	ผูกบัญชีธนาคาร	プー(ク)バンチー タナーカーン
職業	อาชีพ	アーチー(プ)
血液型	กรุ๊ปเลือด	グルッ(プ)ルアー(ト)
星座	ราศี	ラーシー

2 家族

父	พ่อ	ポー
母	แม่	メー
兄	พี่ชาย	ピーチャーイ
弟	น้องชาย	ノーン(グ)チャーイ
姉	พี่สาว	ピーサーウ
妹	น้องสาว	ノーン(グ)サーウ
夫	สามี	サーミー
妻	ภรรยา	パンラヤー
息子	ลูกชาย	ルー(グ)チャーイ
娘	ลูกสาว	ルー(グ)サーウ
祖父	ปู่ / ตา	プー〔父方〕／ター〔母方〕
祖母	ย่า / ยาย	ヤー〔父方〕／ヤーイ〔母方〕

3　職業

学生	นักเรียน	ナッ(ク)リエン
会社員	พนักงานบริษัท	パナッ(ク)ガーンボリサッ(ト)
公務員	ข้าราชการ	カーラー(ト)チャカーン
教員	อาจารย์	アーヂャーン
店員	คนขาย	コンカーイ
運転手	คนขับรถ	コンカッ(プ)ロッ(ト)
駅員	พนักงานรถไฟ	パナッ(ク)ガーンロッ(ト)ファイ
社長	ประธานบริษัท	プラターンボリサッ(ト)
秘書	เลขา	レーカー
通訳	ล่าม	ラーム

4 人

人	คน	コン
大人	ผู้ใหญ่	プーヤイ
子供	เด็กน้อย	デッ(ク)ノーイ
赤ん坊	เด็กทารก	デッ(ク)ターロッ(ク)
男性	ผู้ชาย	プーチャーイ
女性	ผู้หญิง	プージン(グ)
友達	เพื่อน	プアン
恋人	แฟน	フェーン
タイ人	คนไทย	コンタイ
日本人	คนญี่ปุ่น	コンジープン
中国人	คนจีน	コンチーン
韓国人	คนเกาหลี	コンカウリー

5　お金関係(1)

お金 (一般的)	เงิน	グン
現金	เงินสด	グンソッ(ト)
紙幣、お札	ธนบัตร / แบงค์	タナバッ(ト)/ ベーン(グ)
硬貨、 コイン	เหรียญ	リアン
つり銭	เงินทอน	グントーン
価格、値段	ราคา	ラーカー
両替	แลกเงิน	レー(グ) グン
税金	ภาษี	パーシー
免税	ปลอดภาษี	プロー(ト)パーシー
クレジット カード	บัตรเครดิต	バッ(ト)クレディッ(ト)
バーツ	เงินบาท	グン バー(ト)
(日本の) 円	เงินเยน	グン ジェーン

6　お金関係(2)

無料	ฟรี	フリー
有料	มีค่าใช้จ่าย	ミーカーチャイヂャーイ
入場料	ค่าผ่านประตู	カーパーンプラトゥー
運賃	ค่ารถ	カーロッ(ト)
手数料	ค่าธรรมเนียม	カータ(ム)ニア(ム)
チップ	ทิป	ティ(プ)
給料	เงินเดือน	グンドゥアン
ボーナス	โบนัส	ボーナッ(ト)
貯金	เงินเก็บ	グンゲッ(プ)
契約書	หนังสือสัญญา	ナン(グ)スーサンヤー
サイン	ลายเซ็น	ラーイセン

7 店

店	ร้าน	ラーン
デパート	ห้างสรรพสินค้า	ハーン(グ)サッパシンカー
市場	ตลาด	タラー(ト)
レストラン	ร้านอาหาร	ラーンアーハーン
食堂	โรงอาหาร	ローン(グ)アーハーン
喫茶店	ร้านกาแฟ	ラーンカーフェー
パン屋	เบเกอรี่	ベーカーリー
書店	ร้านหนังสือ	ラーンナン(グ)スー
薬局、薬屋	ร้านขายยา	ラーンカーイヤー
美容院	ร้านเสริมสวย	ラーンサー(ム)スエイ
靴屋	ร้านขายรองเท้า	ラーンカーイローン(グ)ターウ
製品	เงินบาท	シンカー

8 会社、学校、建物、施設など

銀行	ธนาคาร / แบงค์	タナカーン／ベーン(ク)
郵便局	ไปรษณีย์	プライサニー
会社	บริษัท	ボリサッ(ト)
工場	โรงงาน	ローン(グ)ガーン
学校	โรงเรียน	ローン(グ)リエン
教会	โบสถ์คริสต์	ボー(ト)クリッ(ト)
公園	สวนสาธารณะ	スアンサーターラナ
病院	โรงพยาบาล	ローン(グ)パヤーバーン
図書館	ไลบรารี	ライブラリー
博物館	พิพิธภัณฑ์	ピピッタパン
美術館	หอศิลปะ	ホーシンラパ
映画館	โรงหนัง	ローン(グ)ナン(グ)

9 街での表示、標識、建物

入口	ทางเข้า	ターン(グ)カウ
出口	ทางออก	ターン(グ)オー(ク)
非常口	ทางหนีไฟ	ターン(グ)ニーファイ
受付	ประชาสัมพันธ์	プラチャーサン(ム)パン
トイレ	ห้องน้ำ	ホンナー(ム)
階段	บันได	バンダイ
エスカレーター	บันไดเลื่อน	バンダイルアン
駐車場	ที่จอดรถ	ティーヂョー(ト)ロッ(ト)
倉庫	โกดัง	コーダン(グ)
禁止	ห้าม	ハー(ム)
駐車禁止	ห้ามจอด	ハー(ム)ヂョー(ト)
止まれ（停止する）	หยุด	ユッ(ト)

10　娯楽、趣味

映画	หนัง	ナン(グ)
俳優	นักแสดง	ナッ(ク)サデーン(グ)
女優	นักแสดงหญิง	ナッ(ク)サデーン(グ) ジン(グ)
監督	ผู้กำกับ	プーカ(ム)カッ(プ)
音楽	ดนตรี	ドントリー
歌	เพลง	プレーン(グ)
コンサート	คอนเสิร์ต	コンサー(ト)
絵	ภาพ	パー(プ)
旅	เที่ยว	ティアウ
写真	รูปถ่าย	ルー(プ)ターイ
劇　芝居	ละคร	ラコーン
劇場 (シアター)	โรงละคร	ローン(グ)ラコーン
遊園地	สวนสนุก	スアンサヌッ(ク)

11　値段、品質

価格、値段	ราคา	ラーカー
高い（値段）	แพง	ペーン(グ)
安い	ถูก	トゥー(ク)
良い	ดี	ディー
悪い	ไม่ดี	マイディー
新しい	ใหม่	マイ
古い	เก่า	カウ
輸入	การนำเข้า	カーンナ(ム)カウ
新品	ของใหม่	コーン(グ)マイ
広告	โฆษณา	コー(ト)サナー
注文	สั่ง	サン(グ)
領収書	ใบรับเงิน	バイラッ(プ)グン
レシート	ใบเสร็จ	バイセッ(ト)

12 トラブル

警察	ตำรวจ	タ(ム)ルアッ(ト)
警察署	สถานีตำรวจ	サターニー タ(ム)ルアッ(ト)
弁護士	ทนายความ	タナーイクワー(ム)
通訳	ล่าม	ラーム
裁判	ศาล	サーン
火事	ไฟไหม้	ファイマイ
事故	อุบัติเหตุ	ウバッティヘー(ト)
遅刻	มาสาย	マーサーイ
泥棒	ขโมย	カモーイ
詐欺、 いかさま	โกง	コーン(グ)
停電	ไฟดับ	ファイダッ(プ)
危険	อันตราย	アンタラーイ

13 駅

駅	สถานี	サターニー
駅員	พนักงานรถไฟ	パナッ(ク)ガーンロッ(ト)ファイ
案内所	ประชาสัมพันธ์	プラチャーサ(ム)パン
改札口	ทางเข้าออก	ターン(グ)カウオー(ク)
席	ที่นั่ง	ティーナン(グ)
切符	ตั๋ว	トゥア
片道切符	ตั๋วเที่ยวเดียว	トゥアティアウディアウ
往復切符	ตั๋วไป–กลับ	トゥアパイグラッ(プ)
到着時刻	เวลาถึง	ウェラートゥン(グ)
発車時刻	เวลารถออก	ウェラーロッ(ト)オー(ク)

14　乗り物

地下鉄	รถไฟใต้ดิน	ロッ(ト)ファイ タイディン
列車、汽車	รถไฟ	ロッ(ト)ファイ
バス	รถเมล์	ロッ(ト)メー
長距離バス	รถทัวร์	ロッ(ト)トゥア
タクシー	แท็กซี่	テッ(ク)シー
レンタカー	คาร์เรนต์	カーレン
自動車	รถยนต์	ロッ(ト)ヨン
自転車	จักรยาน	チャックラヤーン
オートバイ、 バイク	มอเตอร์ไซค์	モーターサイ
港	ท่าเรือ	タールア
船	เรือ	ルア
ヨット	เรือใบ	ルアバイ

15　電話、郵便

電話	โทรศัพท์	トーラサッ(プ)
電話番号	หมายเลขโทรศัพท์	マーイレー(ク) トーラサッ(プ)
スマートフォン	สมาร์ทโฟน	サマー(ト)フォーン
携帯電話	โทรศัพท์มือถือ	トーラサッ(プ) ムートゥー
国際電話	โทรศัพท์ระหว่างประเทศ	トーラサッ(プ)ラワーン(グ) プラテー(ト)
電話する	โทรศัพท์ไปหา	トーラサッ(プ)
郵便局	ไปรษณีย์	プライサニー
はがき	ไปรษณียบัตร	プライサニーヤバッ(ト)
手紙	จดหมาย	ヂョッ(ト)マーイ
封筒	ซองจดหมาย	ソーン(グ)ヂョッ(ト) マーイ
切手	แสตมป์	サテ(ム)

16 空港

空港	สนามบิน	サナー(ム)ビン
パスポート	พาสส์ปอร์ด	パー(ト)サポー(ト)
入国する	เข้าประเทศ	カウプラテー(ト)
出国する	ออกจากประเทศ	オー(ク)ヂャー(ク) プラテー(ト)
入国カード (到着カード)	บัตรขาเข้า	バッ(ト)カーカウ
出国カード	บัตรขาออก	バッ(ト)カーオー(ク)
飛行機	เครื่องบิน	クルアン(グ)ビン
国内線	เส้นทางในประเทศ	センターン(グ)ナイ プラテー(ト)
航空券	ตั๋วเครื่องบิน	トゥアクルアン(グ)ビン
座席番号	เลขที่นั่ง	レー(ク)ティーナン(グ)

17 化粧品、アクセサリー

化粧品	เครื่องสำอาง	クルアン(グ)サ(ム)アーン(グ)
香水	น้ำหอม	ナ(ム)ホー(ム)
口紅	ลิปสติค	リッ(プ)サティッ(ク)
乳液	โลชั่นน้ำนม	ローチャンナ(ム)ノ(ム)
アクセサリー	เครื่องประดับ	クルアン(グ)プラダッ(プ)
ネックレス	สร้อย	ソイ
イアリング	ตุ้มหู	トゥ(ム)フー
ブレスレット	กำไล	カ(ム)ライ
指輪	แหวน	ウェーン
ダイアモンド	เพชร	ペッ(ト)
鏡	กระจกเงา	クラヂョ(ク)ガウ

18　身の回りの物、持ち物

身分証明書	บัตรประจำตัว	バッ(ト)プラチャ(ム)トゥア
免許証	ใบขับขี่	バイカッ(プ)キー
カバン、バッグ	กระเป๋า	グラパウ
財布	กระเป๋าสตางค์	グラパウサターン(グ)
腕時計	นาฬิกาข้อมือ	ナーリカーコームー
メガネ	แว่นตา	ウェンター
傘	ร่ม	ロ(ム)
本	หนังสือ	ナン(グ)スー
雑誌	นิตยสาร	ニッタヤサーン
新聞	หนังสือพิมพ์	ナン(グ)スーピ(ム)
地図	แผนที่	ペーンティー
タバコ	บุหรี่	ブリー
ライター	ไฟแช็ก	ファイチェッ(ク)

19　衣類(1)

服	เสื้อผ้า	スアパー
上着	เสื้อแจ๊กเก้ต	スアーチェッケッ(ト)
ジャケット	แจ็คเก๊ต	チェッケッ(ト)
シャツ	เสื้อ	スアー
Tシャツ	เสื้อยืด	スアユー(ト)
婦人服	เสื้อสตรี	スアサトリー
子供服	เสื้อผ้าเด็ก	スアパーデッ(ク)
ドレス	ชุดกระโปรง	チュッ(ト)クラプローン(グ)
スカート	กระโปรง	クラプローン(グ)
ズボン	กางเกง	カーン(グ)ケーン(グ)
ジーンズ	กางเกงยีนส์	カーン(グ)ケーン(グ)ジーン
セーター	เสื้อสเวทเตอร์	スアサウェッター
パジャマ	ชุดนอน	チュッ(ト)ノーン

20 衣類(2)

長袖の服	เสื้อแขนยาว	スアケーンヤーウ
半袖の服	เสื้อแขนสั้น	スアケーンサン
スーツ	สูท	スー(ト)
靴下	ถุงเท้า	トゥン(グ)ターウ
下着	ชุดชั้นใน	チュッ(ト)チャンナイ
パンツ	กางเกงขาสั้น	カーン(グ)ケーン(グ) カーサン
ネクタイ	เนกไท	ネッ(ク)タイ
ベルト	เข็มขัด	ケ(ム)カッ(ト)
ボタン	กระดุม	クラドゥ(ム)
帽子	หมวก	ムアッ(ク)
ハンカチ	ผ้าเช็ดหน้า	パーチェッ(ト)ナー
スカーフ	ผ้าพันคอ	ター(ブ)
靴	รองเท้า	ローン(グ)ターウ

21 サイズ、デザイン

サイズ	ไซส์ / ขนาด	サイ / カナー(ト)
大きい	โต	トー
小さい	เบา	バウ
長い	ยาว	ヤーウ
短い	สั้น	サン
きつい (服など)	คับ	カッ(プ)
模様	ลวดลาย	ルオッ(ト)ラーイ
手芸、 手工芸	หัตถกรรม	ハッタカ(ム)

22 色

色	สี	シー
白	สีขาว	シーカーウ
黒	สีดำ	シーダ(ム)
赤	สีแดง	シーデーン(グ)
青	สีฟ้า	シーファー
黄	สีเหลือง	シールァン(グ)
緑	สีเขียว	シーキァウ
茶	สีน้ำตาล	シーナ(ム)ターン
オレンジ	สีส้ม	シーソ(ム)
ピンク	สีชมพู	シーチョ(ム)プー
紫	สีม่วง	シームアン(グ)
金	สีทอง	シートーン(グ)
銀	สีเงิน	シーグン

23　料理(1)

トムヤンクン	ต้มยำกุ้ง	ト(ム)ヤ(ム)グン(グ)
タイ風焼きそば	ผัดไทย	パッ(ト)タイ
グリーンカレー	แกงเขียวหวาน	ケーン(グ)キァウワーン
レッドカレー	แกงเผ็ด	ケーン(グ)ペッ(ト)
鳥カレー	แกงกะหรี่ไก่	ケーン(グ)カリーカイ
パパイヤサラダ	ส้มตำ	ソ(ム)タ(ム)
空心菜炒め	ผัดผักบุ้ง	パッ(ト)パッ(ク)ブン(グ)
春雨サラダ	ยำวุ้นเส้น	ヤ(ム)ウンセン
さつま揚げ	ทอดมัน	トッ(ト)マン
スパゲッティー	สปาเกตตี้	サパーケッティー
サンドイッチ	ขนมปังประกบไส้	カノ(ム)パン(グ)プラコッ(プ)サイ
ステーキ	สเต็ก	サテッ(ク)

24　料理(2)

チャーハン	ข้าวผัด	カーウパッ(ト)
ごはん、米	ข้าว	カーウ
おかゆ	ข้าวต้ม	カーウト(ム)
パン	ขนมปัง	カノ(ム)パン(グ)
めん	ก๋วยเตี๋ยว	クァイティアウ
卵	ไข่	カイ
目玉焼き	ไข่ดาว	カイダーウ
牛肉	เนื้อ	ヌア
豚肉	หมู	ムー
鶏肉	เนื้อไก่	ヌアカイ
豆	ถั่ว	トゥア
豆腐	เต้าหู้	タウフー

25　料理(3)

魚	ปลา	パラー
エビ	กุ้ง	クン(グ)
カニ	ปู	プー
野菜	ผัก	パッ(ク)
トマト	มะเขือเทศ	マクァーテー(ト)
じゃがいも	มันฝรั่ง	マンファラン(グ)
にんじん	แครอท	ケーロッ(ト)
たまねぎ	หัวหอม	フアホー(ム)
大根	หัวไชเท้า	フアチャイタウ
なす	มะเขือม่วง	マクァームアン(グ)
スープ	ซุป	スッ(プ)

26 味、食感

おいしい	อร่อย	アロイ
まずい	ไม่อร่อย	マイアロイ
まあまあ	ธรรมดา	タ(ム)マダー
辛い	เผ็ด	ペッ(ト)
甘い	หวาน	ワーン
すっぱい	เปรี้ยว	プリアウ
苦い	ขม	コ(ム)
塩辛い	เค็ม	ケ(ム)
固い	แข็ง	ケン(グ)
柔らかい	นุ่ม	ヌ(ム)
冷たい	เย็น	ジェン
熱い	ร้อน	ローン

27 デザート、菓子

デザート	ของหวาน	コーン(グ)ワーン
アイス クリーム	ไอศครีม	アイサクリー(ム)
ココナッツ アイス	ไอศครีมกะทิ	アイサクリー(ム) カティ
プリン	ขนมพุดดิ้ง	カヌ(ム)プッディン(グ)
ヨーグルト	โยเกิร์ต	ヨーカッ(ト)
菓子	ขนม	カヌ(ム)
ケーキ	เค้ก	ケー(ク)
クッキー	คุกกี้	クッキー
チョコレート	ช็อคโกแลต	チョッコーレッ(ト)
のど飴	ยาอม	ヤオ(ム)
ガム	หมากฝรั่ง	マー(ク)ファラン(グ)

28 果物

果物	ผลไม้	ポンラマイ
いちご	สตรอเบอรี่	サトローバーリー
りんご	แอปเปิ้ล	エップン
オレンジ、みかん	ส้ม	ソ(ム)
梨	ลูกแพร์	ルー(ク)ペー
桃	ลูกท้อ	ルー(ク)トー
バナナ	กล้วย	クルエー
ココナッツ	มะพร้าว	マパラーウ
グァバ	ฝรั่ง	ファラン(グ)
パパイヤ	มะละกอ	マラコー
ライチ	ลิ้นจี่	リンチー
グレープフルーツ	เกรปฟรุต	クレー(プ)フル(ト)
ドラゴンフルーツ	แก้วมังกร	ケーウマン(グ)コーン

29　飲み物

飲み物	เครื่องดื่ม	クルアン(グ)ドゥー(ム)
水	น้ำ	ナー(ム)
飲み水	น้ำเปล่า	ナ(ム)プラーウ
お茶	น้ำชา	ナ(ム)チャー
紅茶	ชาฝรั่ง	チャーファラン(グ)
ミルク	นม	ノ(ム)
コーヒー	กาแฟ	カーフェー
アイスコーヒー	กาแฟเย็น	カーフェージェン
ホットコーヒー	กาแฟร้อน	カーフェーローン
ジュース	น้ำผลไม้	ナ(ム)ポンラマイ
オレンジジュース	น้ำส้ม	ナ(ム)ソ(ム)
コーラ	โคล่า	コーラー

30　酒類

酒	เหล้า	ラウ
ウイスキー	วิสกี้	ウィッサキー
ブランデー	บรั่นดี	プランディー
ワイン	ไวน์	ワーイ
カクテル	ค็อกเทล	コッ(ク)テーウ
ビール	เบียร์	ビア
缶	กระป๋อง	クラポン(グ)
ビン	ขวด	クオー(ト)
グラス	แก้ว	ケーウ
ジョッキ	จอก	チョー(ク)
おつまみ	กับแกล้ม	カッ(プ)クレー(ム)
氷	น้ำแข็ง	ナ(ム)ケン(グ)

31　食器、調味料

食器	จานชาม	ヂャーンチャー(ム)
スプーン	ช้อน	チョーン
ナイフ	มีด	ミー(ト)
フォーク	ส้อม	ソー(ム)
はし	ตะเกียบ	タキェッ(プ)
お皿	จาน	ヂャーン
コップ	แก้ว	ケーウ
塩	เกลือ	クルア
砂糖	น้ำตาล	ナ(ム)ターン
バター	บัตเตอร์	バッター
油	น้ำมัน	ナ(ム)マン
酢	น้ำส้มสายชู	ナ(ム)ソ(ム)サーイチュー
ソース	ซอส	ソー(ト)

32　台所、電気、水道など

台所	ห้องครัว	ホン(グ)クルア
冷蔵庫	ตู้เย็น	トゥージェン
電子レンジ	ไมโครเวฟ	マイクローウェー(ブ)
炊飯器	หม้อหุงข้าว	モーフン(グ)カーウ
電気	ไฟฟ้า	ファイファー
ガス	แก๊ส	ゲー(ト)
水道	ประปา	プラパー
水道水	น้ำประปา	ナ(ム)プラパー
天井	เพดาน	ペーダーン
壁	ฝาผนัง	ファーパナン(グ)
床	พื้น	プーン
ゴキブリ	แมลงสาบ	マレン(グ)サー(ブ)
ゴミ	ขยะ	カヤ
ゴミ箱	ถังขยะ	タン(グ)カヤ

33 ホテル(1)

ホテル	โรงแรม	ローン(グ)レー(ム)
フロント	รีเซปชั่น	リセッ(プ)チャン
チェックイン	เช็คอิน	チェッ(ク)イン
チェックアウト	เช็กเอาต์	チェッ(ク)アウ
カギ	กุญแจ	クンチェー
貴重品	ทรัพย์สิน	サッ(プ)シン
シングルルーム	ห้องเดี่ยว	ホン(グ)ディアウ
ツインルーム	ห้องคู่	ホン(グ)クー
エアコン	แอร์	エー
電気	ไฟฟ้า	ファイファー
スイッチ	สวิตช์	サウィッ(ト)
コンセント	ปลั๊กตัวเมีย	プラッ(ク)トゥアミアー
バッテリー	แบตเตอรี่	ベッターリー
充電する	ชาร์จแบตเตอรี	チャー(ト)ベッターリー
トイレ	ส้วม	スア(ム)

34　ホテル(2)

エアコン	แอร์	エー
ベッド	เตียง	ティアン(グ)
枕	หมอนอิง	モーンイン(グ)
シーツ	ผ้าปูเตียง	パープーティアン(グ)
毛布	ผ้าห่ม	パーホ(ム)
ふとん	ที่นอน	ティーノーン
洗面台	อ่างล้างหน้า	アーン(グ)ラーン(グ)ナー
浴室	ห้องอาบน้ำ	ホン(グ)アー(ブ)ナ(ム)
鏡	กระจก	クラヂョッ(ク)
石けん	สบู่	サブー
タオル	ผ้าเช็ดตัว	パーチェットゥア
トイレットペーパー	กระดาษชำระ	クラダー(ト)チャ(ム)ラ
歯ブラシ	แปรงสีฟัน	プレーン(グ)シーファン

35　部屋、家具など

家	บ้าน	バーン
部屋	ห้อง	ホン(グ)
テーブル、机	โต๊ะ	ト
テレビ	ทีวี	ティーウィー
ラジオ	วิทยุ	ウィッタユ
電話	โทรศัพท์	トーラサッ(プ)
時計	นาฬิกา	ナーリカー
ソファー	โซฟา	ソファー
いす	เก้าอี้	カウイー
クローゼット	ตู้เสื้อผ้า	トゥースアパー
棚	ชั้น	チャン
扇風機	พัดลม	パッ(ト)ロ(ム)
窓	หน้าต่าง	ナーターン(グ)
カーテン	ผ้าม่าน	パーマーン

36 学習、文具

学校	โรงเรียน	ローン(グ)リアン
教科書	หนังสือเรียน	ナン(グ)スーリアン
ノート	สมุดโน้ต	サムッ(ト)ノー(ト)
鉛筆	ดินสอ	ディンソー
電卓	เครื่องคิดเลข	クルアン(グ)キッ(ト)レー(ク)
電池	แบตเตอรี่	ベッターリー
数学	คณิตศาสตร์	カニッ(ト)サー(ト)
英語	ภาษาอังกฤษ	パーサーアン(グ)グリッ(ト)
体育	พละ	パラ
テスト	ข้อสอบ	コーソー(プ)
論文	วิทยานิพนธ์	ウィッタヤーニポン

37 病院、薬

病院	โรงพยาบาล	ローン(グ)パヤーバーン
医者	หมอ	モー
看護師	พยาบาล	パヤーバーン
検査	ตรวจ	トゥルアッ(ト)
手術	ผ่าตัด	パータッ(ト)
薬	ยา	ヤー
食後	หลังอาหาร	ラン(グ)アーハーン
目薬	ยาหยอดตา	ヤーヨー(ト)ター
風邪薬	ยาแก้หวัด	ヤーケーワッ(ト)
消毒薬	ยาใส่แผล	ヤーサイプレー
下剤	ยาระบาย	ヤーラバーイ
抗生物質	ยาปฏิชีวนะ	ヤーパティシーワナ
包帯	ผ้าพันแผล	パーパンプレー

38　病気、症状

病気	ป่วย	プアイ
ケガ、傷	บาดแผล	バー(ト)プレー
熱	ความร้อน	クワー(ム)ローン
風邪	เป็นหวัด	ペンワッ(ト)
頭痛	ปวดหัว	プアッ(ト)フアー
痰	เสมหะ	セー(ム)ハ
くしゃみ	จาม	チャー(ム)
腹痛	ปวดท้อง	プアッ(ト)トーン(グ)
発疹	ผื่นผิวหนัง	プーンピウナン(グ)
肺炎	ปอดอักเสบ	ポー(ト)アッ(ク)セー(プ)
肝炎	ตับอักเสบ	タッ(プ)アッ(ク)セー(プ)
マラリア	มาลาเรีย	マーラーリアー
血	เลือด / โลหิต	ルアー(ト) / ローヒッ(ト)

39 体

頭	หัว	フア
脳	สมอง	サモーン(グ)
首	คอ	コー
のど	ลำคอ	ラ(ム)コー
肩	ไหล่	ライ
背中	หลัง	ラン(グ)
胸	หน้าอก	ナーオッ(ク)
おなか	ท้อง	トーン(グ)
腰	เอว	エーウ
腕	แขน	ケーン
手	มือ	ムー
足	เท้า	ターウ
爪	เล็บ	レッ(プ)

40　顔、内臓

顔	หน้า	ナー
目	ตา	ダー
耳	หู	フー
鼻	จมูก	ヂャムー(ク)
口	ปาก	パー(ク)
歯	ฟัน	ファン
髪	ผม	ポ(ム)
胃	กระเพาะ	グラポ
腸	ลำไส้	ラムサイ
心臓	หัวใจ	フアヂャイ
肝臓	ตับ	タッ(プ)
腎臓	ไต	タイ
ぼうこう	กระเพาะปัสสาวะ	クラポパッサーワ

41　気候、自然(1)

暖かい	อุ่น	ウン
暑い	ร้อน	ローン
涼しい	เย็น	ジェン
寒い	หนาว	ナーウ
晴れ	ท้องฟ้าแจ่มใส	トーン(グ)ファーヂェ(ム)サイ
雨	ฝน	フォン
雷	ฟ้าร้อง	ファーローン(グ)
風	ลม	ロ(ム)
台風	พายุไต้ฝุ่น	パーユタイフン
洪水	น้ำท่วม	ナ(ム)トゥア(ム)
地震	แผ่นดินไหว	ペンディンワイ

42　気候、自然(2)

海	ทะเล	タレー
山	ภูเขา	プーカウ
川	แม่น้ำ	メーナー(ム)
太陽	พระอาทิตย์	プラアティッ(ト)
月	พระจันทร์	プラジャン
空	ฟ้า	ファー
花	ดอกไม้	ドー(ク)マーイ
草	หญ้า	ヤー
木	ต้นไม้	トンマーイ
森	ป่า	パー
道	ทาง	ターン(グ)
土地	ที่ดิน	ティーディン

43 タイのおみやげ

おみやげ	ของฝาก	コーン(グ)ファー(ク)
象のキーホルダー	พวงกุญแจช้าง	プアン(グ)クンヂェーチャーン(グ)
ベンジャロン焼き	เบญจรงค์	ペンヂャロン(グ)
織物	ผ้าทอ	パートー
ドライフルーツ	ผลไม้แห้ง	ポンラマイヘーン(グ)
アルミのカップ	ขันเงิน	カングン
(タイの)シルク	ผ้าไหม	パーマイ
カオニャオ籠	กระติบข้าวเหนียว	クラティ(プ)カーウニャウ
素焼き	เครื่องปั้นดินเผา	クルアン(グ)パンディンパウ
木の箸	ตะเกียบไม้	タキァッ(プ)マーイ
お香とお香たて	ธูปหอม	トゥー(プ)ホー(ム)

44 国、言語

国	ประเทศ	プラテー(ト)
タイ	ไทย	タイ
日本	ญี่ปุ่น	ジープン
中国	จีน	チーン
韓国	เกาหลีใต้	カウリーターイ
アメリカ	อเมริกา	アメリカー
アメリカ合衆国	สหรัฐอเมริกา	サハラッ(ト)アメリカー
言葉	คำพูด	カ(ム)プー(ト)
単語	คำศัพท์	カ(ム)サッ(プ)
タイ語	ภาษาไทย	パーサータイ
英語	ภาษาอังกฤษ	パーサーアン(グ)グリッ(ト)
日本語	ภาษาญี่ปุ่น	パーサージープン

45　宗教、信仰(1)

宗教	ศาสนา	サーッサナー
僧侶	พระ	プラ
尼さん	แม่ชี	メーチー
仏像	พระพุทธรูป	プラプッタルー(プ)
お参り	ไหว้พระ	ワイプラ
おみくじ	เซียมซี	シア(ム)シー
仏教	ศาสนาพุทธ	サーッサナー・プッ(ト)
キリスト教	ศาสนาคริสต์	サーッサナー・クリ(ト)
イスラム教	ศาสนาอิสลาม	サーッサナー・イッサラー(ム)
ヒンドゥー教	ศาสนาฮินดู	サーッサナー・ヒンドゥー

46 宗教、信仰(2)

お寺	วัด	ワッ(ト)
蓮の花	ดอกบัว	ド(ク)ブアー
ジャスミンの花飾り	พวงมาลัย	プアン(グ)マライ
托鉢	บิณฑบาตร	ビンタバー(ト)
戒律	ศีล	シーン
お経をあげる	สวดมนต์	スアッ(ト)モン
喜捨をする	ตักบาตร	タッ(ク)バー(ト)
功徳をつむ	ทำบุญ	タ(ム)ブン
瞑想する	นั่งสมาธิ	ナン(グ)サマーティ
出家する	บวช	ブアッ(ト)

47 動物、生き物

犬	หมา	マー
猫	แมว	メーウ
うさぎ	กระต่าย	クラターイ
牛	วัว	ウワー
豚	หมู	ムー
羊	แกะ	ゲ
馬	ม้า	マー
鳥	นก	ノッ(ク)
蚊	ยุง	ユン(グ)
蛇	งู	グー
虫	แมลง	マレーン(グ)
カエル	กบ	コッ(プ)
ネズミ	หนู	ヌー

48　よく使う動詞(1)

愛する	รัก	ラッ(ク)
会う	เจอ / พบ	チャー／ポッ(プ)
ある	มี	ミー
行く	ไป	パイ
いる	อยู่	ユー
売る	ขาย	カーイ
運転する	ขับรถ	カッ(プ)ロッ(ト)
思う	คิด	キッ(ト)
買う	ซื้อ	スー
返す	คืน	クーン
帰る	กลับ	クラッ(プ)
書く	เขียน	キエン
借りる	ยืม	ユーム

49 よく使う動詞(2)

聞く	ฟัง	ファン(グ)
来る	มา	マー
化粧する	แต่งหน้า	テン(グ)ナー
けんかする	ทะเลาะ	タロ
支払う	จ่าย	ヂャーイ
住む	อาศัย	アーサイ
する	ทำ	タム
洗濯する	ซักผ้า	サッ(ク)パー
卒業する	จบการศึกษา	ヂョップカーン スッ(ク)サー
食べる	กิน / ทาน	キン／ターン
駐車する	จอดรถ	ヂョー(ト)ロッ(ト)
使う	ใช้	チャイ
着く	ถึง	トゥン(グ)

50 よく使う動詞(3)

作る	ทำ	タ(ム)
手伝う	ช่วย	チュアイ
(写真を)撮る	ถ่าย(รูป)	ターイ(ルー(プ))
泣く	ร้องไห้	ローン(グ)ハイ
入院する	เข้าโรงพยาบาล	カウローン(グ)パヤーバーン
飲む	ดื่ม	ドゥー(ム)
話す、言う	พูด	プー(ト)
払う	จ่าย	ヂャーイ
持つ	ถือ	トゥー
読む	อ่าน	アーン
料理する	ทำอาหาร	タ(ム)アーハーン
浪費する	ใช้เงินฟุ่มเฟือย	チャイグンフ(ム)フェー
笑う	หัวเราะ	フアロ

著者
欧米・アジア語学センター
1994 年設立。40 ヶ国語以上のネイティブ講師を擁し、語学教育を展開。独自のメソッドによる「使える外国語」の短期修得プログラムを提供している。その他に企業向け外国語講師派遣、通訳派遣、翻訳、留学相談、通信教育、オンラインレッスン。
https://www.fij.tokyo/

主な著書：『たったの 72 パターンでこんなに話せるタイ語会話』『たったの 72 パターンでこんなに話せるベトナム語会話』『たったの 72 パターンでこんなに話せるインドネシア語会話』『たったの 72 パターンでこんなに話せるスペイン語会話』『たったの 72 パターンでこんなに話せるロシア語会話』『新版はじめてのベトナム語』『はじめてのインドネシア語』『はじめてのマレーシア語』『はじめてのフィリピン語』（以上、明日香出版社）他多数。

執筆
アドゥン・カナンシン
バンコク生まれ。タイシラパコーン大学建築学科卒業。東京大学大学院修士課程工学系建築専攻を経て東京芸術大学大学院修士課程音楽学専攻卒業。タイ語教師とタイ語学に直接役に立つ仕事をしている。通訳・翻訳・コーディネーターとして日本タイ政府間の事業交渉、国際会議、日本地方都市の観光コーディネーター、歴史ある国際寮の世話人として務める。ナレーター、役者、音楽家、占い師としてもいろいろな業績を残している。

タイ語が１週間でいとも簡単に話せるようになる本

2024 年 3 月 3 日　初版発行

著者　欧米・アジア語学センター
発行者　石野栄一
発行　明日香出版社
〒 112-0005 東京都文京区水道 2-11-5
電話 03-5395-7650
https://www.asuka-g.co.jp
カバーデザイン　株式会社ヴァイス　目黒眞
本文デザイン　末吉喜美
本文イラスト　たかおかおり
本文組版　株式会社デジタルプレス
印刷・製本　株式会社フクイン

ISBN978-4-7569-2315-8

中国語が１週間でいとも簡単に話せるようになる本

加藤勤

これから中国語を学びたいと思っている方向けの入門書。７日間構成で、四声の発音、基本構文とやさしい会話フレーズを学べます。各フレーズと基本単語にルビをつけています。音声は日本語と中国語を収録。

本体価格 1500 円＋税　B6 変型　〈192 ページ〉　2010/12 発行　978-4-7569-1425-5

韓国語が１週間でいとも簡単に話せるようになる本

李明姫

これから韓国語を学びたいと思っている方向けの入門書。７日間構成で、ハングル、発音、基本構文とやさしい会話フレーズを学べます。各フレーズと基本単語にルビをつけています。音声は日本語と韓国語を収録。

本体価格 1600 円＋税　B6 変型　〈200 ページ〉　2019/01 発行　978-4-7569-2013-3

台湾語が１週間でいとも簡単に話せるようになる本

趙怡華

これから台湾語・台湾華語を学びたいと思っている方向けの入門書。７日間構成で、発音、基本構文とやさしい会話フレーズを学べます。各フレーズと基本単語にルビをつけています。音声は日本語・台湾語・台湾華語を収録。

本体価格 1600 円＋税　B6 変型　〈216 ページ〉　2017/07 発行　978-4-7569-1917-5

たったの 72 パターンで こんなに話せるベトナム語会話

欧米・アジア語学センター

日常会話でよく使われる基本的なパターン（文型）を使い回せば、ベトナム語で言いたいことが言えるようになります。まず基本パターン（文型）を理解し、あとは単語を入れ替えれば、いろいろな表現を使えるようになります。

本体価格 1800 円＋税　B6 変型　〈224 ページ〉　2018/04 発行　978-4-7569-1961-8

たったの 72 パターンで こんなに話せるフィリピン語会話

佐川年秀

日常会話でよく使われる基本的なパターン（文型）を使い回せば、フィリピン語で言いたいことが言えるようになります。まず基本パターン（文型）を理解し、あとは単語を入れ替えれば、いろいろな表現を使えるようになります。

本体価格 1800 円＋税　B6 変型　〈216 ページ〉　2017/05 発行　978-4-7569-1904-5

たったの 72 パターンで こんなに話せるポルトガル語会話

浜岡究

日常会話でよく使われる基本的なパターン（文型）を使い回せば、ポルトガル語で言いたいことが言えるようになります。まず基本パターン（文型）を理解し、あとは単語を入れ替えれば、いろいろな表現を使えるようになります。

本体価格 1800 円＋税　B6 変型　〈224 ページ〉　2013/04 発行　978-4-7569-1620-4

たったの 72 パターンで こんなに話せる中国語会話

趙 怡華

「〜はどう？」「〜だといいね」など、決まった基本パターンを使い回せば、中国語で言いたいことが言えるようになります！　好評既刊の『72 パターン』シリーズの基本文型をいかして、いろいろな会話表現が学べます。

本体価格 1800 円＋税　B6 変型　〈216 ページ〉　2011/03 発行　978-4-7569-1448-4

たったの 72 パターンで こんなに話せる韓国語会話

李 明姫

日常会話でよく使われる基本的なパターン（文型）を使い回せば、韓国語で言いたいことが言えるようになります！　まず基本パターン（文型）を理解し、あとは単語を入れ替えれば、いろいろな表現を使えるようになります。

本体価格 1800 円＋税　B6 変型　〈216 ページ〉　2011/05 発行　978-4-7569-1461-3

たったの 72 パターンで こんなに話せる台湾語会話

趙 怡華

「〜したいです」「〜をください」など、決まったパターンを使いまわせば、台湾語は誰でも必ず話せるようになる！　これでもうフレーズ丸暗記の必要ナシ。言いたいことが何でも言えるようになります。

本体価格 1800 円＋税　B6 変型　〈224 ページ〉　2015/09 発行　978-4-7569-1794-2

CD BOOK

中国語会話フレーズブック

趙 怡華

日常生活で役立つ中国語の会話フレーズを 2900 収録。状況別・場面別に、よく使う会話表現を掲載。海外赴任・留学・旅行・出張で役立つ表現も掲載。あらゆるシーンに対応できる、会話表現集の決定版！

本体価格 2800 円＋税　B6 変型　〈468 ページ〉　2005/06 発行　978-4-7569-0886-5

台湾語会話フレーズブック

趙怡華：著
陳豐惠：監修

好評既刊『はじめての台湾語』の著者が書いた、日常会話フレーズ集です。シンプルで実用的なフレーズを場面別・状況別にまとめました。前作と同様、台湾の公用語と現地語（親しい人同士）の両方の表現を掲載しています。様々なシーンで役立ちます。CD3 枚付き。

本体価格 2900 円＋税　B6 変型　〈424 ページ〉　2010/06 発行　978-4-7569-1391-3

ポルトガル語会話フレーズブック

カレイラ松崎順子／フレデリコ・カレイラ

日常生活で役立つ会話フレーズを約 2900 収録。状況別に、よく使う会話表現を掲載。海外赴任・留学・旅行・出張で役立つ表現も掲載。本書では、ブラジルのポルトガル語とヨーロッパのポルトガル語の両方の表現を掲載しています。

本体価格 2900 円＋税　B6 変型　〈336 ページ〉　2006/12 発行　978-4-7569-1032-5